ullstein

Das Buch

1,86 Meter groß und 95 Kilo schwer. Jens Bujar fand, 10 Kilo weniger täten es auch. »Trink halt kein Bier mehr«, sagte seine Freundin, aber Bujar, seit zwanzig Jahren ein gepflegter Biertrinker, mochte sich auf keine genussunfreundliche Diät einlassen. Doch egal, mit welchem Abnehmprogramm er sich beschäftigte, überall lautete die Grundvoraussetzung: Verzichten Sie auf Alkohol und bewegen Sie sich! Gegen Bewegung hatte Bujar nichts, aber biertechnisch wollte er sich nicht geißeln. Gemeinsam mit Ulrike von Bülow, einer alten Freundin, setzte er sich mit seinem Lieblingsgetränk auseinander und recherchierte Fakten und Kalorien. Und er sprach mit einem Ernährungsberater, der ihm erklärte: »Ihr Bauch, lieber Herr Bujar, kommt nicht vom Bier, sondern von den Erdnüssen, die Sie dazu essen.« Wie Bujar schnell lernte: Bier macht nicht halb so dick, wie es sein Ruf besagt. Deshalb bastelte er sich sein eigenes Diätkonzept zusammen: Er wandelte das Prinzip »Friss die Hälfte« ab – in »Friss die Hälfte der Hälfte und trink ein Bier dazu. Oder auch zwei«.

Die Autoren

Jens Bujar, geboren 1972 in Münster, Westfalen. Einst freier Autor für die »RTL-Nachtshow« von Thomas Koschwitz, dann Gag-Schreiber bei der »Harald Schmidt Show« und Producer von Stefan Raabs »TV Total«. Im Herbst 2003 wechselte Bujar zu Grundy Light Entertainment, wo er heute als »Creative Director« für Shows wie »Deutschland sucht den Superstar« oder »X-Faktor« verantwortlich ist.

Ulrike von Bülow, geboren 1973 in Hamburg. Seit April 2000 Redakteurin im Bereich Kultur & Unterhaltung des *stern*, derzeit als Autorin in New York City tätig, wo sie u.a. für den *stern*, die *Süddeutsche Zeitung* oder die *Brigitte* schreibt.

Jens Bujar/Ulrike von Bülow

Die Bier-Diät

Wie ich mit Hopfen und Malz
meinen Kilos
den Kampf ansagte

Ullstein

Besuchen Sie uns im Internet:
www.ullstein-taschenbuch.de

FSC
www.fsc.org
MIX
Papier aus verantwortungsvollen Quellen
FSC® C006701

Originalausgabe im Ullstein Taschenbuch
1. Auflage März 2012

Umschlaggestaltung: semper smile, München
Titelabbildung: © iStockphoto / minimil
Satz: Pinkuin Satz und Datentechnik, Berlin
Gesetzt aus der Sabon
Papier: Pamo Super von Artic Paper Mochenwangen
Druck und Bindearbeiten: CPI – Ebner & Spiegel, Ulm
Printed in Germany
ISBN 978-3-548-37435-2

Für Sina

KAPITEL EINS

Eigentlich war alles gut, abgesehen vielleicht von dem weihnachtsmannroten Fleece-Mantel, den ich trug und in dem ich aussah »wie 'ne fleischfressende Riesentomate«, wie meine Freundin Sina sehr charmant bemerkte.

»Echt, Jens!«, sagte sie und prustete vor Lachen in ihren Cosmopolitan.

Das ist bekanntermaßen der Lieblingscocktail der vier Tanten aus »Sex and the City«, den die immer trinken, wenn sie sich ihre verkorksten Männergeschichten erzählen. Nun waren wir dort, wo »Sex and the City« spielt, in New York City nämlich, und Sina kippte sich an diesem Abend schön einen rein – gemeinsam mit unserer Freundin Ulrike, mit der wir auf der Terrasse vom »230 Fifth« saßen, einer Rooftop-Bar, die das ganze Jahr über geöffnet hat.

Es war eine bitterkalte Nacht im Januar, doch um uns herum standen Heizstrahler, die das Ganze etwas erträglicher machten. Außerdem hatte man uns diese roten Fleece-Teile gereicht, damit wir nicht erfroren, während wir die Aussicht genossen: Wir schauten auf das Empire State Building, das hell erleuchtet in den dunklen Winterhimmel ragte, keine 500 Meter von uns entfernt. Das war schon schick. Trotzdem guckte ich lieber auf die Flasche Bier, die vor Ulrike stand. Sie stammte aus einer Bremer Brauerei.

»Mist«, murmelte ich, »da ist das Bier so weit gereist, und ich darf es nicht trinken. Die Flasche hat sogar den wilden Ozean überquert, um in New York geleert zu werden – aber nicht von mir.« Ich war auf Diät.

Ich machte »FdH« (Friss die Hälfte) und trank seit drei Wochen keinen Alkohol mehr. Das neue Jahr hatte für mich mit einem guten Vorsatz begonnen, der da lautete: Ich will abnehmen! Es war nicht so, dass ich die Ausmaße eines Ottfried Fischer angenommen hätte, aber um meinen Bauch hatten sich drei der berühmten Rettungsringe gebildet, und mein Gesicht wirkte, als hätte ich mir Marshmallows in die Wangen implantieren lassen.

Ich fand, 10 Kilo weniger täten es auch: Auf eine Größe von 1,86 Meter kamen bei mir 95 Kilo. So war es jedenfalls vor drei Wochen gewesen. Inzwischen hatte ich mich auf 94,5 Kilo heruntergehungert. Und an diesem Abend fand ich das alles total absurd: Ich war mit meiner schönen Freundin in New York, auf einer Reise, die ich ihr zu Weihnachten geschenkt hatte, wir besuchten Ulrike, die seit drei Jahren hier lebte, und die beiden Damen amüsierten sich, während ich die Spaßbremse gab?

»Jens, wie schmeckt denn deine Brause?«, fragte Sina und kicherte, dass ihr blonder Pferdeschwanz wippte.

Sehr komisch. Was sollte ich sagen? Ich hatte ein Ginger Ale bestellt, aber noch keinen Schluck getrunken. Schon der Anblick dieses teefarbenen Zeugs langweilte mich.

Ich bin vermutlich so etwas wie ein Otto Normalbiertrinker: Ich mag Pils, seit ich mit vierzehn oder fünfzehn allein auf Partys gehen durfte. Mein Vater trank gern ein Bier, wenn er mit mir auf dem Sofa saß und »Die Sportschau« guckte. Oder wenn Gäste kamen. So wuchs ich auf: Bier ist etwas, das in geselliger Runde schmeckt. Und so hielt ich es immer: Ich trank beim Fußballgucken mit Freunden oder wenn ich ausging. Manchmal hatte ich davon einen sitzen, meistens nicht. Das Feine am Bier ist ja, dass man eine Menge davon in sich reinschütten kann, ohne vom Hocker zu rutschen – anders als zum Beispiel bei Whiskey, der mich nach einem Glas zu Boden schickt. Außerdem mag ich den Geschmack von Bier. Er ist klar und unaufgeregt – da weiß man, was man hat. Mich macht ein Pils zum Filet Mignon jedenfalls glücklicher als ein Château Lafite aus dem Jahre 1962, die Flasche für über tausend Euro. Ich bin kein Feinschmecker, was Alkohol angeht.

Nun hatte ich aber leider ein Problem: Ich fühlte mich irgendwie nicht wohl, angedickt, wie ich war.

»Trink halt weniger Bier«, sagte Sina und kam sich irre schlau vor, »das hat super viele Kalorien, Jens!«

Das dachte ich auch immer. Aber jetzt stand Sina neben Ulrike, einer jungen Dame mit kurzen, blonden Haaren, die 1,70 Meter groß ist und so aussieht, als wiege sie nicht mehr als 53 Kilo, und von der ich weiß, dass sie dem Bier mindestens so zugetan ist wie ich.

»Sag mal«, fragte ich Ulrike, »wie machst du das, warum hab ich dich noch nie mit einem Bierbauch gesehen?«

»Gute Gene!«, sagten Sina und Ulrike gleichzeitig, und dann lachten sie, denn das ist die Standardantwort, die bei Frauen für alles gilt.

Nein, sagen alternde Schauspielerinnen, ich lasse mir kein Botox spritzen, mein Gesicht schaut aus wie frisch gebügelt, weil ich so gute Gene habe! Nein, sagen junge Models, ich bin nicht magersüchtig, ich bin dünn wie ein Kleiderbügel, weil ich so gute Gene habe! Und im Ernst?

»Keine Ahnung«, sagte Ulrike. »Ich geh zum Beispiel morgen zum Boxtraining, vielleicht liegt es daran, dass ich regelmäßig Sport treibe?«

»Mache ich auch«, erklärte ich, »ich spiele abends Squash, mindestens einmal in der Woche. Doch kaum ein Bier schmeckt mir besser als das, mit dem ich mich nach einer Stunde des Auspowerns auf dem Squashplatz belohne.«

»Isst du dann noch etwas dazu?«, fragte sie.

Ich nickte. Was in der Kneipe halt so auf den Tisch kommt, wenn man noch kurz mit seinem Squashpartner zusammensitzt: ein paar Oliven oder Erdnüsse.

»Vielleicht ist es das«, sagte sie, »ich trinke abends nach dem Boxen auch gern Bier, aber ich esse dann nichts mehr. Ich fühl mich besser, wenn ich damit bis zum nächsten Morgen warte und lieber ordentlich frühstücke. Und ich hab mal irgendwo gelesen, dass Bier allein nicht besonders dick macht. Das hat nämlich gar nicht so viel Kalorien, wie man denkt.«

Und da lachte nun endlich einmal ich. Wer's glaubt, wird selig!

Ich hatte mich ein bisschen schlaugemacht, als ich über das Abnehmen nachdachte, und alles Mögliche über Diäten gelesen. Ob bei der Ananas-Diät, der South-Beach-Diät oder der Atkins-Diät – überall lautete die Grundvoraussetzung: Verzichten Sie auf Alkohol! Es geht leider nicht zusammen, Bier oder Figur, du musst dich entscheiden. Insofern fühlte ich mich bestens informiert, als ich Ulrike sagte, dass sie mir mal keinen Quatsch erzählen solle.

»Das ist kein Quatsch«, sagte sie, »ich werd's dir beweisen. Aber nur, wenn du uns jetzt noch ein Bier und einen Cosmopolitan organisierst.«

Ich kam mir vor wie ein Dackel, dem man ein

Stöckchen hingeworfen hat: Ich war ziemlich schnell in Richtung Theke unterwegs.

—

Am nächsten Morgen war Ulrike schon aus dem Haus, als Sina und ich aufwachten. Sina hatte das, was man einen dicken Schädel nennt.

»Aua!«, hörte ich sie wimmern, »musste der letzte Drink noch sein?«

»Ja«, sagte ich geistesabwesend. Ich wurde von meinem iPhone abgelenkt, auf dem eine E-Mail von Ulrike eingegangen war.

Von: Ulrike von Bülow

Datum: Freitag, 21. Januar 2011, 09:04 Uhr

An: Jens Bujar

Betreff: Siehste!

Moin! Ausgeschlafen? Ist Sina okay? Wir hatten ja ganz schön einen sitzen gestern. Wie hält man das aus, nüchtern mit so angeschickerten Mädels?!

Ich hab eigentlich viel zu tun, google aber seit einer halben Stunde das Bier-Thema! Gib mal ein: »Bier Diät Kalorien«, da hast du Spitzentreffer. Halt dich fest: Bier macht nicht halb so dick, wie man denkt. Hab mehrere Artikel gefunden, aus deutschen Magazinen (seriösen!), die besagen: Ein Liter Bier hat ca. 420 Kalorien. Milch hat mehr Kalorien, genauso wie Himbeersaft.

Gut, Himbeersaft trinkst du vermutlich eh nicht. Aber wenn du morgens einen kleinen Espresso nimmst statt deines großen Caffè Latte – dann hast du doch abends mehr als ein Bier gut, oder?!

Ahoi, u.

....

Von: Jens Bujar
Datum: Freitag, 21. Januar 2011, 10:22 Uhr
An: Ulrike von Bülow
Betreff: RE: Siehste!

Schöne Frau, Sina geht's bescheiden ... aber was trinkt Ihr auch so 'n Zeug?

Das Bier-Thema ist der Knaller! Musste auch gleich mal googeln. Bier, sagt so eine Bierlexikon-Seite, gehört zu den kalorienärmsten Getränken, die es gibt! Nur Kaffee oder Tee – ohne Zucker und Sahne – oder Mineralwasser setzen weniger an. Ich fass es nicht! Wieso komm ich da erst jetzt drauf?

Lg, Jens

....

Von: Ulrike von Bülow
Datum: Freitag, 21. Januar 2011, 10:34 Uhr
An: Jens Bujar
Betreff: RE: RE: Siehste!

Hab gerade noch etwas gefunden, das kann ich kaum glauben, stimmt aber: Weizenbier, bei dem mir so 'n 0,5-Liter-Eimer immer vorkommt wie 'ne Mahlzeit mit 1500 Kalorien, hat nur einen Hauch mehr Kalorien als ein Pils: Hab hier einen Vergleich, demnach haben 0,3 Liter Pils 126 Kalorien – und 0,3 Liter Weizenbier 129 Kalorien. Lass mal was trinken gehen heute Abend!

Von: Jens Bujar
Datum: Freitag, 21. Januar 2011, 11:12 Uhr
An: Ulrike von Bülow
Betreff: RE: RE: RE: Siehste!

Mach mich nicht schwach!
Sina ist jetzt los zum Shoppen, aber ich bin nicht mit – brauche meine Ruhe für Bier-Recherche! Das ist echt interessant ... verstehe so langsam, was du meinst.
Ein Mann, der wie ich die meiste Zeit am Schreibtisch sitzt, soll am Tag 2200 Kalorien zu sich nehmen. Das sind, hab ich gerade ausgerechnet, mehr als 5 Liter Bier! So viel kann ich gar nicht trinken, aber ein Literchen am Tag geht vielleicht.
Ich guck noch mal weiter!

Von: Ulrike von Bülow
Datum: Freitag, 21. Januar 2011, 11:23 Uhr
An: Jens Bujar
Betreff: RE: RE: RE: RE: Siehste!

Wir müssen das noch mal ein bisschen genauer aufdröseln, aber ich wette, mein lieber Jens, dass du es schaffst, in fünf Monaten 10 Kilo abzunehmen, ohne dabei auf Bier zu verzichten.
Wenn du das nicht schaffst, darfst du ein Jahr lang kein Bier trinken. Wenn du das schaffst, kommt ihr wieder nach New York, und du darfst fünf Tage lang Burger mit Pommes essen. Und mir bringst du zur Belohnung für jedes Kilo eine Kiste Astra mit. Kannst dir ja schon mal überlegen, wie du die hierherschaffst! Einverstanden?

Astra ist das Lieblingsgetränk der Dame, ein Hamburger Bier, dessen Logo Ulrike sich in einer Minute des Heimwehs auf den rechten Unterarm hatte tätowieren lassen. Ein rotes Herz mit einem Anker darin. Konnte ich da nein sagen?

Von: Jens Bujar
Datum: Freitag, 21. Januar 2011, 11:25 Uhr
An: Ulrike von Bülow
Betreff: RE: RE: RE: RE: RE: Siehste!

Topp, die Wette gilt!
Dein Thomas Gottschalk

Wo gehen wir heute Abend hin? Hab Durst!

Von: Ulrike von Bülow
Datum: Freitag, 21. Januar 2011, 11:39 Uhr
An: Jens Bujar
Betreff: RE: RE: RE: RE: RE: RE: Siehste!

Da finden wir schon was.
Eins noch: Sag Sina bitte, dass wir sie als Schiedsrichterin brauchen. Nicht dass du gar kein Bier trinkst, dir ein halbes Jahr lang den Finger in den Hals steckst und dann sagst: Juhu, Wette gewonnen!
Bis später, freu mich auf euch ☺

Jens' »Who is who« des Bieres: Eine kleine Einführung

➪ Alt

Ist eine sehr lokale Spezialität, die vor allem in Düsseldorf und am Niederrhein getrunken wird. In Teilen Westfalens ist das Altbier ebenfalls verbreitet. Etwa 10 Prozent des in Nordrhein-Westfalen gebrauten Bieres ist Alt. Es ist dunkel, hat einen leicht herben Geschmack und etwa 4,8 Prozent Alkohol. Der Name »Alt« stammt vom verwendeten traditionellen Brauverfahren. Bei Leverkusen etwa verläuft eine unüberwindliche Grenze, die (bisher noch friedlich) die Alt- von den Kölschtrinkern trennt. Wer schon einmal den Karneval in Düsseldorf oder Köln verbracht hat, wird die Schmählieder kennen, die das »Gesöff« der Gegenseite verhöhnen.

➾ Berliner Weiße

Leicht trübe Bier-Spezialität unserer Hauptstadt mit einem Alkoholgehalt von etwa 2,8 Prozent. Die Berliner Weiße hat einen erfrischend spritzigen, etwas säuerlichen Geschmack. Um diesen abzurunden, gibt man einen Schuss Waldmeister- oder Himbeersirup ins Glas, bevor es mit Bier aufgefüllt wird. Der Sirup bestimmt das Aussehen des Getränkes, das rot oder grün gefärbt und mit einer weißen Schaumkrone versehen ist. Ähnlich wie Kölsch oder Weizenbier hat die Berliner Weiße ihr eigenes Glas, das an einen Pokal erinnert, den es zu stemmen gilt. Schalenförmig mit langem Stil.

➾ Bockbier

Bockbier – auch Starkbier genannt – ist ein etwas dunkleres, kupferfarbenes Bier mit einem kräftigen Malzgeschmack, der sehr vollmundig ist. Es wird nicht das ganze Jahr über gebraut, sondern hat nur als »Maibock« im Frühjahr (von April bis Juni) oder als »Winterbock« (in der Vorweihnachtszeit) Konjunktur. Bockbier hat einen Alkoholgehalt von rund 7 Prozent, Doppelbock sogar noch mehr – mit bis zu 12 Prozent. Anders, als man vielleicht denken mag, liegen die Ursprünge des Bockbieres nicht in den düsteren Gewölben bayerischer Klöster, sondern im niedersächsischen Städtchen Einbeck.

➪ Dunkles Bier

Man kann es als Urbier bezeichnen: Vor mehr als zweihundert Jahren waren fast alle Biere mehr oder weniger Dunkel. Erst durch modifizierte Brauverfahren begann der Siegeszug des Hellen und des Pils. Das Dunkle fristete fortan ein Schattendasein als regionale Spezialität wie Altbier in Düsseldorf oder Schwarzbier in Thüringen und Sachsen. Es erfreut sich heute aber wieder wachsender Beliebtheit: Inzwischen haben fast alle großen Bierhersteller auch ein Dunkles in ihrem Sortiment. Das hat 4,8 bis 5 Prozent Alkohol, also nicht mehr als Helles auch. Es erhält seine Farbe durch die Verwendung besonderer Malzsorten. Ein Sonderfall sind Biere wie das tiefschwarze Guinness, das mit einer Mischung aus Stickstoff und Kohlensäure gezapft wird, was die Krone fein wie Milchschaum auf einem Caffè Latte macht.

⇨ Kölsch

Eine Kölner Spezialität, die nicht nur einen sehr eigenen, etwas süßlichen Geschmack hat, sondern auch ihr eigenes, sehr charakteristisches Stangenglas. Kölsch ist ein obergäriges Bier, das etwa 4,8 Prozent Alkohol enthält und sich trinkt, als habe es 0 Prozent Kohlensäure, weshalb Nicht-Kölner es gern als »Pipi in Reagenzgläsern« abtun. »Kölsch« ist eine geschützte Bezeichnung und darf nach der »Kölsch Konvention« von 1986 nur von einem Bier getragen werden, das in Köln oder der direkten Umgebung gebraut worden ist.

⇨ Lager/Export

So werden besonders weiche und wenig bittere Biere genannt. Die sind untergärig und können einen leicht süßlichen Geschmack haben. Lager- und Exportbiere sind meist hellgelb und enthalten 5,3 bis 5,6 Prozent Alkohol.

⇨ Pils

Pils ist die mit Abstand meistgetrunkene Biersorte Deutschlands. Der Pilsanteil an der gesamten Bierproduktion beträgt mehr als 65 Prozent. Namensgeber ist die tschechische Stadt Pilsen (auf Tschechisch: Plzen), in der am Martinstag 1842 das erste Pils ausgeschenkt wurde. Pils ist ein untergäriges Vollbier mit hellgoldener Farbe und einem intensiv-herben Hopfengeschmack. Die meisten Pilssorten haben einen Alkoholgehalt von 4,8 Prozent.

➩ **Weizen**

Ein obergäriges Bier mit erfrischendem Charakter und sichtbarer Hefe. Für viele Leute ein Fall für den Biergarten, also ein Sommer-Bier. Für die Bayern aber ein Grundnahrungsmittel, das man am besten vor 12 Uhr trinkt – zur Weißwurst, die super als Alibi für das gepflegte Frühstücksbier taugt. Weizen hat einen Alkoholgehalt von 5 Prozent und relativ viel Kohlensäure, verglichen mit anderen Bieren. Es gibt verschiedene Variationen: Neben den klassischen, naturtrüben Hefeweizen in Hell und Dunkel bieten viele Brauereien auch eine klare Variante an, Kristall-Weizen genannt. Außerdem gibt es alkoholfreie und – vor allem in Bayern – leichte Weißbiere mit der Hälfte des Alkohols.

KAPITEL ZWEI

Fünf Tage später war ich wieder zu Hause in Köln und fragte mich: Warum ist uns das nicht früher eingefallen? Das erste Bier nach drei Wochen diätbedingter Abstinenz war das schönste Blonde, das ich seit gefühlten zwanzig Jahren gesehen habe.

Ich hatte es im »Milano's« bestellt, einer ziemlich runtergerockten Bar in Downtown Manhattan, an deren Wänden vergilbte Polaroidfotos hingen, darauf nicht mehr zu erkennende Gäste aus dem vergangenen Jahrhundert. Eine nur teils mit Zähnen bestückte, aber nett lächelnde Tresenfachkraft hatte mir ein Budweiser hingestellt, das fern davon war, ein mit Blume verziertes deutsches Pils zu sein – und trotzdem hatte es wie pures Gold für die Kehle geschmeckt.

Und nun saß ich an unserem Küchentisch und schaute auf unseren Kühlschrank, so ein riesiges Teil wie aus einem alten amerikanischen Diner, in Ferrarirot und mit silbernen Griffen, zu dem Sina mich irgendwann mal überredet hatte (natürlich mit den Worten: »Da passt voll viel Bier rein!«). Sie hatte ein paar Magneten an die Tür gepappt, mit »I ♥ NY« darauf oder dem berühmten Schwarzweißfoto von Marilyn Monroe, als die über dem U-Bahn-Schacht steht und ihr Rock hochweht. Die Magneten hielten die Speisekarten vom Asia-Imbiss um die Ecke oder vom Pizza-Service, bei dem ich gern Sonntagabend zum »Tatort« eine saftige Pizza mit Salami, Champignons und Doppelt-Käse bestellte – aber dort würde man nun erst mal nichts mehr von mir hören. Sina hatte unseren Kühlschrank nämlich um ein Foto von mir ergänzt, das mich mit dreizehn zeigte: »Zur Anregung!«, hatte sie daraufgeschrieben.

Ich konnte es kaum glauben, aber in dem Alter war ich ein Strich in der Münsteraner Landschaft gewesen (in der ich aufgewachsen bin). Und offenbar wünschte sich meine Freundin, dass ich bald wieder so aussehen sollte.

Ich bastelte mir also meine Bier-Diät zusammen und kam mir dabei vor wie ein Staranwalt, der Beweise für die Unschuld seines hilflosen Angeklagten sucht: »Euer Ehren, das Bier sitzt zu Unrecht auf der Anklagebank. Es gibt keinerlei Beweise, dass mein Mandant in irgendeiner Form etwas mit dem Dickmachen zu tun hat.« Applaus im Zuschauerraum!

Nächtelang arbeitete ich mich durch bergeweise Akten, die aus Diätratgebern, Frauenzeitschriften und Ausdrucken aus dem Internet bestanden.

Ich hatte eine repräsentative Studie des University College in London gefunden, die sich mit der Frage beschäftigte: Ist der Bierbauch ein Mythos?

Wissenschaftler beobachteten 891 Männer und 1098 Frauen, die entweder keinen Alkohol tranken oder pro Woche durchschnittlich 3,1 Liter Bier zu sich nahmen. Das Ergebnis war mehr als eindeutig: Bei den Männern standen Bierkonsum und Bauchumfang in keinem Zusammenhang, bei den Frauen war es sogar so, dass diejenigen, die Bier in Maßen tranken, dünner waren als die Abstinenzlerinnen.

Der österreichische Lebensmittelexperte Manfred Walzl, ein Herr mit Professoren- und Doktortitel, der eine flotte, graue Föhnwelle trägt, erklärte dazu in einem Online-Interview, dass Bier nicht viele Kalorien habe, Biertrinker aber »gesellige Menschen« sind, die gern ausgehen. »Und wer gern ausgeht und gern ein Bier trinkt, hat auch manchmal Hunger. Davon kommen die Kalorien, und deshalb ist der ›Bierbauch‹ ein Mythos – der ist nämlich gar keiner.«

Ich fand, Prof. Dr. Walzl eignete sich fabelhaft als Kronzeuge.

»Lasst das Bier frei! Verhaftet die Erdnussflips!«, rief ich in meinem imaginären Plädoyer.

Ein Geschenk war auch die Website von Moritz Fiege, einer lokalen Brauerei »aus Bochum und aus Liebe«, so lautet deren Slogan. Bei Fiege pflegen sie eine Rubrik namens »Vorurteile gegenüber Bier und ihre Richtigstellung«, der ich entnahm, dass Bier wichtige Nährstoffe enthält und starke Knochen macht: »Bier enthält Silizium«, heißt es dort,

»das den Knochenaufbau fördert und Osteoporose vorbeugt.« Außerdem wissen die Bochumer Brauer zu berichten, »dass Menschen, die in jüngeren Jahren regelmäßig Bier trinken, besser hören. Der Hauptgrund ist, dass Alkohol die Durchblutung im gesamten Körper fördert und somit das Gehör länger jung hält.«

Ob ich meinen Hausarzt bitten kann, mir eine Kiste Bier zu verschreiben? Ich rief Ulrike in New York an.

»Wenn das mal nicht der kleine Diätkönig ist«, begrüßte sie mich, als sie abnahm.

»Ich höre dich«, sagte ich, »als stündest du neben mir, so klar und deutlich!«

»Wie bitte?«, fragte sie.

»Ich trinke mir jetzt meinen Diskoschaden weg«, erklärte ich. »Bier, meine Liebe, ist nämlich verdammt gut für die Ohren!«

Ich erzählte ihr von meinen Recherchen.

Ulrike lachte, dann fragte sie: »Wie viel wiegst du denn jetzt, wie lautet dein offizielles Startgewicht für unsere Wette?«

Um ihre Frage beantworten zu können, brauchte ich eine Waage, die ein bisschen genauer war als das Erbstück von 1973, das bei mir im Bad stand. Unter Umständen käme es am Ende meiner Bier-Diät zu einem Fotofinish, und jedes Milligramm zählte. Also ab in den Elektrofachhandel! Ich holte mein Fahrrad aus dem Keller, das sich wie üblich um diese Jahreszeit in der Winterpause befand. Köln im Januar ist mir normalerweise zu kalt und meist auch zu nass zum Radeln, doch mein neues Bier-Wissen animierte mich zu ein bisschen Bewegung. Glücklicherweise regnete es nicht, und ich fand ein paar Handschuhe, mit denen ich mich auf meinen Drahtesel schwang (Modell: Made in Holland).

Fünfzehn euphorisierte Minuten später stellte ich das gute Stück vor einem riesigen Geschäft ab, dessen Name dem zweitgrößten Planeten des Sonnensystems gleicht. Ich traf auf den zweitunfreundlichsten Verkäufer dieses Planeten, einen Glatzenträger mit der Stimme eines Drillinstruktors, den ich fragte, wo ich denn wohl eine Waage finden würde.

»Erster Stock, hinten links!«, bellte er mich an.

Ich nahm die Rolltreppe und schämte mich: Jens, beim nächsten Mal gehst du zu Fuß, dachte ich, während ich eine Etage nach oben glitt. Dann stand ich vor einer gigantischen Auswahl von Digitalwaagen und entschied mich für das Modell »Bettina BA 830«, deren »Analyse von Körperfett und Körperwasser auf 0,1 Prozent genau« sein sollte, wie die Verpackung versprach, und deren Wiegefläche aus 8 Millimeter starkem, gehärtetem Sicherheitsglas bestand, das bis zu 180 Kilo aushalten konnte. Das klang gut. Ich hätte also noch Platz nach oben, falls die Bier-Diät das Pendel doch in die andere Richtung ausschlagen lassen sollte.

Zuversichtlich radelte ich mit Bettina nach Hause, sehnte mich aber nach meiner ollen 70er-Jahre-Waage zurück, kaum dass die Neue mir ihre erste Messung angezeigt hatte: Bettina war kalt, unbarmherzig und entsetzlich präzise. Sie wischte all meine Gewichts-Ausreden (schwere Knochen!, groß ausgebildetes Gehirn!) mit nur einer Anzeige von ihrer 8-Millimeter-Sicherheitsglas-Platte. Laut Bettina entsprach der Fettanteil meines Körpers etwa dem von Rainer Calmund, während ich ungefähr so viel Muskelanteil wie Karl Lagerfeld hatte. Ich überlegte ernsthaft, Bettina umzutauschen, fürchtete allerdings, dass ihre Kolleginnen nicht viel gnädiger mit mir umspringen würden. Also behielt ich Bettina, wohl wissend, dass wir hart an unserer Beziehung würden arbeiten müssen.

Ich ging an meinen Computer und schrieb eine E-Mail.

Von: Jens Bujar
Datum: Freitag, 28. Januar 2011, 18:34 Uhr
An: Ulrike von Bülow
Betreff: Zahl

Okay, hier kommt mein Startgewicht. 94 Kilo und 234 Gramm. Wir sprechen uns in fünf Monaten!

Lg, Jens

Von: Ulrike von Bülow
Datum: Freitag, 28. Januar 2011, 19:20 Uhr
An: Jens Bujar
Betreff: RE: Zahl

Nee, nee, mein lieber Jens – ich möchte bitte ein regelmäßiges Update! Einen kleinen Bier-Diät-Newsletter, so viel Zeit muss sein. Was isst du denn jetzt so?

Guten Appetit, u.

Gute Frage. Mein Plan war: Ich wandele das Diät-Prinzip der FdH, »Friss die Hälfte«, einfach ab – in »Friss die Hälfte der Hälfte und trink ein Bier dazu. Oder auch zwei«. Um es mir einfacher zu machen, recherchierte ich, welches Bier die wenigsten Kalorien hat, und kam zu dem Schluss, dass ein Hefeweizen aus Bayern bei mir ganz vorn lag.

Jens' Hitliste der kalorienärmsten Bierarten*

0,5 Liter dunkles Pils (auch Schwarzbier oder Dunkelbier genannt) enthalten 185 Kalorien

0,5 Liter Exportbier enthalten 205 Kalorien.

0,5 Liter Pils enthalten 210 Kalorien.

0,5 Liter Radler (in Norddeutschland auch Alsterwasser genannt: helles Bier mit Limonade, meist Zitronenlimonade) enthalten 225 Kalorien.

0,5 Liter Diesel (Bier mit Cola) enthalten 225 Kalorien.

0,5 Liter Altbier enthalten 245 Kalorien.

0,5 Liter Berliner Weiße mit Schuss (Waldmeister- oder Himbeersirup) enthalten 255 Kalorien.

0,5 Liter Weizenbier (auch Weißbier genannt) enthalten 260 Kalorien.

0,5 Liter Bockbier enthalten 275 Kalorien.

0,5 Liter Kölsch enthalten 280 Kalorien.

* Biere, die Alkohol enthalten; sonst läge alkoholfreies Bier ganz vorn: 0,5 Liter enthalten 130 Kalorien.

Normalerweise ging ich freitagabends gern mit ein paar Freunden ein rituelles Feierabendbier trinken, doch das hatte ich mir in den vergangenen Wochen erspart. Was sollte ich da? Ein Feierabendwasser bestellen?

Nun aber schaute ich mal wieder mit meinen Kollegen bei Karl vorbei, unserem Lieblingswirt im Friesenviertel. Dessen kleine Kneipe war in Sachen Interieur irgendwo in den achtziger Jahren stehen geblieben. Ochsenblutrote Wände, vier alte Holztische mit dunklen Holzbänken und ein massiver Holztresen, hinter dem es ein Schnapsregal gab. Und eine kleine Schiefertafel, auf die Karl mit weißer Kreide gekrakelt hatte: »Bockwurst mit Brot 3,50 Euro« – sein Gourmetprogramm. Wir mochten den Laden, weil er so spartanisch und nüchtern war. Und weil Karl uns kannte und wir bei ihm anschreiben lassen konnten.

Er freute sich offenbar sehr, mich zu sehen: »Sieh an, der Herr Bujar«, bemerkte Karl, ein großer Kerl mit Schnauzbart und tiefer Stimme. »Dachte schon, du wärest untergetaucht, weil du deinen letzten Deckel nicht bezahlt hast. Bekomme noch 32,20 Euro von dir. Plus Trinkgeld.«

Grinsend legte ich ihm 40 Euro hin und sagte knapp: »Bekomme noch ein Franziskaner.«

Daraufhin prustete mein Kumpel Guido, ein Typ mit Schäferhund-blonden Haaren und einer braun gesprenkelten Brille, in sein Bier, was dazu führte, dass sich weiße Schaumpustelchen in seinem Gesicht verteilten.

»Diät aufgegeben!«, bemerkte er schlaumeierhaft. »Hab ich mir doch gedacht.«

»Mach du dich mal sauber, und dann erzähle ich dir was«, gab ich zurück und trank fünf Schluck Weizenbier. »Ich habe eine neue Diät angefangen«, berichtete ich stolz. »Ich mache jetzt die Bier-Diät.«

Wieder großes Gepruste.

»Ja klar«, japste Guido, »und das Oktoberfest ist das größte Abnehm-Festival der Welt.«

Kollektives Gelächter der Kollegen.

Dann setzte Guido noch einen drauf: »Auweia, ich fürchte, unser Jens hat sich das Hirn weggehungert.«

Während die Herren mich verhöhnten, schoben sie sich händeweise Erdnüsse in den Mund, die Karl auf den Tresen gestellt hatte. Ich verzichtete, war glücklich mit meinem Bier und dachte: Galileo Galilei wurde auch ausgelacht, weil er behauptete, die Erde drehe sich um die Sonne. Oder der Herr Darwin für seine Evolutionstheorie. Und Wernher von Braun, als er einen Menschen zum Mond schicken wollte.

Ihr werdet noch Augen machen, Jungs, wenn ich mir erst an meinem Waschbrettbauch eine Flasche Weizenbier aufmache! Aber ganz so einfach war der Weg dahin natürlich nicht.

Jens' Bier-Alphabet: A bis H

⇨ A wie Alkohol

Alkohol ist die Volksdroge Nummer eins. Schon spannend, dass der Mensch etwas trinkt, das nicht nur feuergefährlich ist, sondern auch dazu benutzt wird, Scheiben zu reinigen oder Türschlösser zu enteisen. Doch auch Abstinenzler nehmen so gut wie täglich versteckt Alkohol zu sich, da Alkohol in fast allen Fruchtsäften und ziemlich vielen Lebensmitteln enthalten ist. Meist da, wo Obst verdirbt oder vergärt (wer erinnert sich nicht an die Tierfilme mit putzig betrunkenen Tieren, die vergorene Früchte gegessen haben?!). Zum Vergleich: Ein Bier besteht im Schnitt zu 5 Prozent aus Alkohol. Bei Lebensmitteln ist es natürlich nicht ganz so viel, doch Brot enthält 0,3 Prozent Alkohol, Apfelsaft 0,4 Prozent, Sauerkraut 0,5 Prozent, Traubensaft 0,6 Prozent, Kefir (reif) 1 Prozent. Wie eine reife Banane, deren Alkoholanteil ebenfalls bei einem Prozent liegt. Also kann man sich auch mit Bananen getrost zuprosten.

➫ B wie Brauereien

Kein Land der Welt hat so viele Brauereien wie Deutschland: Im Jahr 2010 waren es 1325. Das ist einzigartig im internationalen Vergleich, denn in den meisten anderen Ländern teilen zwei bis drei Großbrauereien den Markt unter sich auf. Allerdings gibt es bei uns ein Nord-Süd-Gefälle: Die Regionen mit den meisten Brauereien befinden sich – man ahnt es – in Bayern. Als älteste noch existierende Brauerei der Welt gilt die seit 1040 tätige Bayerische Staatsbrauerei Weihenstephan in Freising. Da der Pro-Kopf-Verbrauch in Deutschland zurückgeht, produzieren fast alle Brauereien Überkapazitäten. Den Verbraucher kann das freuen – in den Supermärkten kostet eine Kiste Bier (ohne Pfand) darum oft nur noch 5 oder 6 Euro.

➫ C wie China

China ist kurioserweise der größte Biermarkt der Welt, das heißt, dort wird das meiste Bier gebraut und verkauft – obwohl die Chinesen eigentlich kaum Bier trinken. Ihr Pro-Kopf-Verbrauch liegt etwa bei 10 Litern pro Jahr. Anders als in Deutschland, wo er bei etwa 109 Litern liegt (siehe V wie Verbrauch). Da aber die Einwohnerzahl in China so hoch ist, brauen die Chinesen trotzdem alle um Kopf und Magen. Vielleicht liegt das auch daran, dass, einer alten Tradition zufolge, in China ein Glas immer voll sein muss. Im Gegensatz zu Europa, wo in der Regel erst nachgeschenkt wird, wenn ein Glas leer getrunken ist. Die Chinesen schenken also ständig nach, auch wenn sie kaum etwas getrunken haben.

⇨ D wie Dosenbier

Dosenbier zu trinken macht keinen Spaß mehr, seit Jürgen Trittin 2003 das Dosenpfand eingeführt hat, um uns die Bierbüchsen madig zu machen. Seither ist das schöne Zischgeräusch, das beim Öffnen einer Bierdose entsteht, in deutschen Wohnzimmern leider selten geworden. Aber er hatte ja recht, der grüne Herr Minister: Warum Bier aus umweltunfreundlichen Blechbehältern trinken, wenn es aus Glasflaschen auch schmeckt? Und auf die können wir stolz sein, denn das deutsche Pfandsystem ist einmalig: In fast allen anderen Ländern wandern Bierflaschen nach ihrem Gebrauch geradewegs in den Müll – oder in einen Glascontainer, der häufig nur als Umweg dient, um am Ende wieder im normalen Müll zu landen.

Bier wurde früher oft deshalb in Dosen abgefüllt, weil deren Material lichtundurchlässig war. Der größte Feind des Bieres ist die Sonne, da deren Lichtstrahlen die Zutaten zersetzen und so den Geschmack verändern. Deshalb waren Bierflaschen früher meist dunkelbraun oder dunkelgrün eingefärbt. Doch inzwischen gibt es Bier auch in durchsichtigen Flaschen, deren Glas nach einer hochwissenschaftlichen Methode die bierschädlichen Anteile aus dem Licht filtert.

⇨ E wie Erektion

Macht Alkohol die männliche Nudel schlapp oder nicht? Da wird wahrscheinlich jeder seine eigenen Erfahrungen gemacht haben. Wem die nicht reichen, der kann bei Google die Begriffe »Erektion + Alkohol« eingeben – und sich dann vergnügt durch über eine halbe Million Treffer klicken. Da gibt es heiße Verfechter der Nein- und der Ja-These. Aber Vorsicht: Wer sich dazu etwas auf Webseiten wie Netdoktor.de oder Erektion.de durchliest, kann sich sicher sein, den Rest seines Lebens mit Online-Werbung für Potenzmittel bombardiert zu werden.

➾ F wie Fett

Fett ist in Bier – Jubel! – nicht enthalten. Daher ist es auch vollkommen absurd, zu glauben, man würde von Bier allein dick werden. Wer als Erwachsener seinen täglichen Kalorienbedarf von etwa 1500 Kalorien allein mit Bier decken wollen würde, müsste etwa 4 Liter trinken. Hicks.

➾ G wie Gezapftes vs. Flaschenbier

Die Frage, ob Bier lieber frisch gezapft oder aus der Flasche getrunken werden sollte, ist eine dogmatische Glaubensfrage. Es gibt Leute, die gern mit einem handlichen Fläschchen in der lässigen Szene-Bar stehen, während andere genüsslich den letzten Tropfen Hefe in ihr Weizenbierglas tropfen lassen. Wieder andere schwören auf ein frisch gezapftes Pils mit Papiermanschette um den Glasfuß. Die Flasche ist natürlich schneller zur Hand, auch wenn heute niemand mehr sieben Minuten auf sein Gezapftes warten muss – dank der modernen Schnellzapfanlagen. Doch Flaschenbier hat den Vorteil, dass es garantiert keine Keime enthält, die sich bisweilen in schlecht oder selten gereinigten Bierschläuchen ansammeln können. Letztlich aber, sagen die Bierexperten, gibt es zwischen Fass- und Flaschenbier qualitativ keinen Unterschied.

⇨ H wie Hopfen

Sieht aus wie ein kleiner grüner Tannenzapfen. Hopfen ist eine Pflanze aus der Hanfgattung, die hauptsächlich zum Bierbrauen benutzt wird. Zum Wachsen braucht die Pflanze ein aufwendiges Drahtgestell, an dem der Hopfenstock bis zu 5 Meter hoch wachsen kann. Hopfen wird seit über 1100 Jahren angebaut. Etwa 35 Prozent der weltweit angebauten Pflanzen kommen aus Deutschland. Damit liegen wir locker vor den USA und Tschechien. Hopfen ist eine – schwer vorstellbar! – zweigeschlechtliche Pflanze. Brauer benutzen fast ausschließlich den unbefruchteten, weiblichen Teil – Bier ist also eigentlich wie eine keusche Jungfrau. Hopfen wird übrigens auch in der Medizin verwendet, zur Herstellung von Beruhigungs- oder Schlafmitteln. Da könnte man also auch gleich ein Bier verschreiben.

KAPITEL DREI

Eine Woche nach meinem Kneipenbesuch bei Karl bekam ich eine E-Mail.

Von: Ulrike von Bülow
Datum: Dienstag, 15. Februar 2011, 15:25 Uhr
An: Jens Bujar
Betreff: Gewichtsaufpasser

Jens, ich glaube, du bist auf einem guten Weg. Dein Diät-Prinzip kommt in den besten Abnehmkreisen vor: Recherchiere gerade für eine Geschichte bei den Weight Watchers, die hier in New York gegründet wurden. Besuche darum jeden Samstag eine Gruppensitzung, bei der die Leute sich ihren Diät-Frust von der Seele reden (ich weiß, was du denkst, und es stimmt: Sie gucken einen an wie Alf aus dem Weltall, wenn man halbwegs schlank da aufschlägt).

Kennst du das Weight-Watchers-Modell? Da gibt es ein Punktesystem: Jedes Lebensmittel hat einen Punktewert, und du darfst pro Tag nur soundso viele Punkte zu dir nehmen. Alkohol hat einiges an Punkten, und die meisten in der Gruppe trinken keinen, weil sie denken:

böööse! Nur Liz, die Gruppenleiterin, sagt, sie trinke gern guten Rotwein, und wenn ihr abends mal nach drei Gläsern sei, dann verzichte sie dafür auf ihr Lunch. Oder isst dazu nur ein Salätchen. Ganz einfach!

Ahoi, u.

....

Von: Jens Bujar
Datum: Dienstag, 15. Februar 2011, 16:12 Uhr
An: Ulrike von Bülow
Betreff: RE: Gewichtsaufpasser

Na danke. Bin mir nicht sicher, ob das alles so hinhaut. Hier erklären mich alle für bescheuert. Und dann hatte ich heute früh ein Date mit Bettina, meiner Waage. Die sagt nach einer Woche Bier-Diät: Nur 800 Gramm abgenommen. Doofe Zicke. Hoffe, sie hat bloß ihre Tage. Ich kaufe mir jetzt mal Gemüse. Vielleicht muss ich auch noch ändern, *was* ich esse, weil »Friss die Hälfte der Hälfte und trink ein Bier dazu« allein nicht reicht. Aber wenigstens das Bier schmeckt!

Lg, Jens

Gemüse habe ich zwar auch schon vor meiner Diät gegessen, aber lieber als klassische Beilage. Doch nun stand ich im Supermarkt meines Vertrauens und erweiterte mein Bewusstsein. Dem Klischee entsprechend war ich in der grünen Abteilung ausschließlich von Frauen umgeben. Und Männern, die sich wie Frauen benahmen, was hier bei uns in Köln ja häufiger zu beobachten ist.

»Herzchen«, rief einer der Jungs, dessen Schädel kahl rasiert war und dessen Beine in einer hautengen schwarzen Lederhose steckten, »sach mahaaal, was brauchen wir denn noch?«

Der Kahlrasierte schaute zu seinem Begleiter, einem zarten Wesen mit asiatischen Augen und einem Einkaufskorb in der rechten Hand, aus dem ein paar Bund Möhren herausguckten und drei große Auberginen. Der Zarte tippte sich mit dem linken Zeigefinger auf den Mund, dann säuselte er: »Pastinaken. Wir brauchen unbedingt noch Pastinaken.«

Pastiwas?, fragte ich mich und folgte den beiden Herzchen durch die Gemüseabteilung.

Mit Spastinaken hätte ich noch etwas anfangen können, das waren meine Freunde in der Kneipe, als ich ihnen vor ein paar Tagen von der Bier-Diät erzählt hatte. Was sich mir hier nun aber in einem braunen Gemüsekorb darbot, das war mir neu: Pastinaken. Ich dachte gerade, die Dinger sehen aus wie angeschimmelter Rettich, als ich den Kahlrasierten zu seinem kleinen Freund sagen hörte: »Hach, siehst du den Blonden da? Wenn der nicht solche Schwabbelbacken hätte, wäre der ganz niedlich.«

Ich schaute mich um, doch hinter oder neben

mir war niemand zu sehen, auf den das zutraf. Die meinten mich – Hilfe. Es war offenbar wirklich Zeit, den Kilos ernsthaft den Kampf anzusagen.

Der Zarte musterte mich von oben bis unten und lächelte mich mitleidig an. Dann schnappte er sich drei Pastinaken, die er in sein Körbchen legte, griff nach der Hand des Kahlrasierten und zog mit ihm von dannen.

Es ist gut möglich, dass ich ziemlich belämmert ausgeschaut habe, als ich den beiden hinterherguckte. Der Kahlrasierte drehte sich jedenfalls noch einmal um, zwinkerte mir zu und sagte: »Mach dir nichts draus, Schätzchen«, was mich augenblicklich aus meiner Speckstarre erlöste. So lasse ich mich nur ungern von Geschlechtsgenossen ansprechen.

Die Pastinaken aber waren eine Recherche wert. Daneben entdeckte ich Süßkartoffeln, die mich der Form nach an die Gnubbelnasen von Loriot-Figuren erinnerten. Und Litschitomaten – aber gehören die nicht in Cocktails?

Alles in allem musste ich zugeben, dass sich in der Gemüseabteilung einiges getan hatte, seit ich das letzte Mal mit meiner Mutter dort gewesen war. Damals ging ich allerdings noch in die sechste Klasse. Nun nahm ich mit, was mir sympathisch aussah, und trug eine große Tüte nach Hause, die noch dazu ganz schön schwer war – dafür, dass das ganze Zeug darin kaum Kalorien hatte.

Normalerweise werde ich zu Hause von unserem

Hund Pepe begrüßt, der stürmisch mit dem Schwanz wedelt und diesen Blick draufhat, der sagt: Wenn Männer einkaufen, dann lacht das Hundeherz. Dieses Mal aber war etwas anders. Pepe brach die Wedelzeremonie nach einem kurzen Schnuppern an der Tüte ab und legte sich fix zurück ins Körbchen. Mit einer Salami in der Einkaufstüte ist mir das noch nie passiert.

Auch wurde ich bis dahin noch nie von meiner Freundin ausgelacht, wenn ich Lebensmittel mitbrachte. Nun aber rief Sina: »Der Jens! Entdeckt auf seine alten Tage seine Öko-Ader. Aber nicht dass du mir morgen in Birkenstocksandalen heimkommst.«

Am nächsten Tag ging ich online. Zu www.chefkoch.de, wo ich ein Pastinaken-Süßkartoffel-Süppchen entdeckte, bei dem ich dachte: Prima, dafür hab ich doch alle Zutaten im Hause. Also machte ich mich ans Werk. Glücklicherweise war Samstag, und ich musste nicht ins Büro.

Ich schnippelte, dünstete, blanchierte, stampfte, pürierte – und auf einmal war der halbe Tag vorbei, wie ich feststellte, als es dunkel wurde. Ich schaute auf die Uhr und bemerkte, dass es bereits 18 Uhr war – Zeit für die »Sportschau«. Ich holte eine Kelle und einen tiefen Teller aus dem Küchenschrank, füllte mir mein Süppchen auf und ging damit ins Wohnzimmer, wo unser Fernseher steht. Kein dolles Ding, eher ein Modell aus den Anfangszeiten der modernen Flachbildschirme, die ja heute so groß sind, dass sie kaum noch in ein Wohnzimmer passen. Unserer schon, der sah geradezu niedlich aus, wie er da auf seiner weißen Anrichte stand.

Ich schaltete das Erste Programm ein, wo eine mir sehr vertraute Werbestimme verkündete, von wem die »Sportschau« präsentiert wird – von einem Bierhersteller natürlich. Fußball ist schließlich klassisch männlich besetzt, wenn es um Werbung geht. Ich glaube zwar, dass inzwischen viel mehr Frauen Fußball gucken, als die Herren Sponsoren denken, aber dass die »Sportschau« eines Tages einmal von einer Lippenstiftfirma eingeläutet wird, halte ich für etwa so realistisch wie eine Torhüterin beim FC Bayern München, die von Uli Hoeneß für die erste Mannschaft verpflichtet wird.

Auch wird die gute alte »Sportschau« vermutlich nie von einem Biosuppenproduzenten präsentiert werden, wie ich heute einer war, dachte ich und setzte mich auf unser Sofa, ein gemütliches Teil in L-Form. Ich griff nach meinem Teller und murmelte noch: »Na, wenn das kein dolles Süppchen ist.«

Doch dann probierte ich meine flüssige Pastinaken-Süßkartoffel-Kombination – und die schmeckte nach … nach … Nullachtfünfzehngemüse. Da rührte ich Zutaten zusammen, die den halben Globus umschifft hatten, um auf meinem Tisch zu landen, und dann kam mein exquisites Eintöpfchen daher, als hätte ich ein Bund Suppengrün mit heißem Wasser übergossen? Ich muss geguckt haben wie meine Mutter, als ich in der vierten Klasse mit meiner ersten Fünf nach Hause gekommen bin, in Mathe. Ich überlegte: Ob ich mir die Pastinakenpampe schöntrinken konnte? Was mit Frauen ging, sollte doch auch mit Biosuppe funktionieren.

Ich öffnete ein »Hellers«, das Öko-Bier einer kleinen Kölner Brauerei, das ich neulich entdeckt hatte. Ich fand, es passte zu meinen gesunden Tagen. Und tatsächlich, das Bier war herb und würzig wie ein ganz normales, schönes Pils. Warum konnte man kein Gemüse züchten, das nach mehr als nur Gemüse schmeckte?

In der Nacht träumte ich von einer Riesenaubergine, die mich durch die Wohnung jagte und sich mit einem markerschütternden Schrei auf mich stürzte, was bei Frau und Hund nur Gelächter auslöste. Das Letzte, was ich sah, waren Sina und Pepe, die hämisch grinsend mit einer Bifi winkten.

Jens' Gemüse-Tops und -Flops:
Was er mag und was gar nicht geht.

TOP Die gute alte Salatgurke – mein absolutes Lieblingsgemüse. Ob als Sticks beim Fußballgucken, als Erfrischung im Salat oder nach einer langen Biernacht in Essig eingelegt – Gurken gehen immer! Und haben quasi null Kalorien.

TOP Blumenkohl-Püree. Riecht und schmeckt beinahe wie Kartoffelpüree – und hat fast keine Kohlenhydrate!

TOP Gemüse vom Grill. Lecker: der rauchige Geschmack und die Bissfestigkeit. Knabberzeug für Kerle! Auch gut: Gemüse aus dem Dampfgarer – schmeckt frisch und knackig und nicht so labberig wie in Wasser gekocht.

TOP Spinat. Ich hatte bisher nur den mit dem Blubb auf dem Schirm. Und der Blubb klingt für mich wie ein Synonym für »dick machen«. Doch Spinat geht auch ohne Rahm. Frisch gekocht sind seine Blätter sehr geschmackvoll – egal, ob in einem Salat oder als Beilage zu einem Stück Fisch oder Fleisch. Schmeckt etwas bitter, ergänzt sich so aber bestens mit einem herben Pils.

TOP Rote Beete. Sollte man in einem Plastikschutzanzug zu sich nehmen, weil man die Flecken nie wieder aus den Klamotten bekommt, doch Rote Beete schmeckt erfrischend lecker. Besonders als Salat mit Ziegenkäse. Oder als Borschtsch, einem russischen Eintopf, der mit Weißkohl, Kartoffeln und Rindfleisch gekocht wird.

FLOP Rosenkohl. Bevor ich den auch nur riechen muss, stecke ich meinen Kopf lieber in einen Wäschekorb, der voll ist mit alten Socken. Zu bitter!

FLOP Spargel. Kommt gleich nach Rosenkohl: Die Stengel kann ich nur essen, wenn ich packungsweise Butter oder einen Ozean aus Sauce hollandaise darüberkippe. Daher ein Dickmacher und ein No Go (und davon abgesehen: Der scharfe Geruch beim Urinieren danach ist alles andere als sexy).

FLOP Gemüse als Antipasti. Italienische Vorspeisen aus der Vitrine? Wer Auberginen isst, die tagelang in Öl gelegen haben, nachdem sie schon in Öl gebraten wurden, der kann das Olivenöl auch gleich direkt aus der Flasche trinken und dick werden. Prost!

FLOP Pastinaken – so exotisch sich ihr Name auch anhört, sie sind und bleiben langweilig schmeckende Rüben!

FLOP Paprika – es tut mir leid, aber ich vertrage Paprika nur als Pulver auf Chips. So lecker und frisch sie auch schmecken mögen, ich bin allergisch gegen frische Paprika. Ob rote, grüne oder gelbe – die Dinger machen mir Bauchschmerzen und lassen mich zwei Wochen lang aufstoßen. Da hilft es auch nicht, sie mit einem Bier herunterzuspülen.

Am nächsten Tag ernährte ich mich von Möhren. Einfach nur Möhren. Auch nicht besser oder schlechter als Pastinaken-Dingsbums-Suppe. Danach versuchte ich es mit tiefgefrorenem Kaisergemüse aus unserem Eisfach. Vorteil: kein Schnippeln, kein Zubereiten. Nachteil: kein Geschmack. Meine grüne Woche hielt drei Tage, in denen meine Stimmung sich entwickelte wie das Wetter im Herbst. Ich hatte nicht mal mehr Lust, Bier zu trinken. Am Ende stand ich auf Bettina – und war gerade mal 500 Gramm leichter. Betrog die mich? Vor lauter Frust machte ich eine Dose Erdnüsse auf – und leer.

Kaum hatte die letzte Erdnuss den Grund meines Magens erreicht, fand ich mich am Computer wieder, panisch »Erdnuss + Kalorien« googelnd. Ich kam auf 564 Kalorien pro 100 Gramm. Uff, dachte ich erleichtert, gut, dass ich nur eine kleine Dose aufgemacht habe. Doch dann schaute ich auf die Dose und sah, dass die paar kleinen Biester, die ich verzehrt hatte, 95 Gramm entsprachen. Mir wurde komisch im Magen.

Von: Jens Bujar
Datum: Sonnabend, 19. Februar 2011, 20:18 Uhr
An: Ulrike von Bülow
Betreff: RE: RE: Gewichtsaufpasser

Ich glaube, ich geh auch bald zu den Weight Watchers: Jemand muss auf mich aufpassen. Hatte eben einen Erdnuss-Fress-Flash. Schuld war eine Möhren-Depression. Jetzt geht's mir aber auch nicht besser: 100 Gramm Erdnüsse haben 564 Kalorien und 48 Gramm Fett. Wie soll ich die wieder loswerden?
Frustriert:
Jens

Von: Ulrike von Bülow
Datum: Sonnabend, 19. Februar 2011, 21:12 Uhr
An: Jens Bujar
Betreff: RE: RE: RE: Gewichtsaufpasser

Jens, mein Jens, lass mal locker. Du wolltest dich doch amüsieren bei deiner Diät! Aber jetzt klingst du wie 'ne

Leserbriefschreiberin, die sich bei der »Brigitte« beklagt, dass die letzte Diät ihr auch wieder nur den Jo-Jo-Effekt beschert hat.

Die Lady von den Weight Watchers hat erzählt, dass das große Abnehm-Problem bei Männern die Kohlenhydrate sind. Ihr könnt einfach nicht ohne! Aber versuch's doch auch mal mit der Hälfte der Hälfte der Kohlenhydrate!

Und komm mir nicht auf die Idee, Light-Bier zu schlabbern, nur um ein paar Kalorien zu sparen. War gestern auf der Geburtstagsparty einer amerikanischen Freundin, die hatte nur Bud Light und Miller Lite da. So was kann ich nicht trinken! Schmeckt wie mit abgestandenem Spülwasser verdünnt – und da musst du dein eigenes Dixie-Klo dabeihaben, so treibt das Zeug. Hilfe! Und es lohnt sich auch nicht. Klick mal auf:

beeradvocate.com/articles/248

Da vergleicht der Bieradvokat normales Bier mit der Light-Version: Eine Flasche Budweiser hat 143 Kalorien, eine Flasche Bud Light 110. Die 33 Kalorien spare ich lieber woanders (esse ich eine halbe Erdnuss weniger!), hab dafür aber einen Hauch von Geschmack. Sagt die norddeutsche Pilstrinkerin!

Ahoi, u.

Von: Jens Bujar
Datum: Sonnabend, 21. Februar 2011, 22:32 Uhr
An: Ulrike von Bülow
Betreff: RE: RE: RE: RE: Gewichtsaufpasser

Nee, da mach dir mal keinen Kopf: Bevor ich Bud Light trinke, mache ich mir ein Biershampoo auf. Oder hänge mir einen Wunderbaum mit Bieraroma ans Ohr.

Danke. Wird schon. Vielleicht fehlt mir einfach die Geduld?

PS: Hab mich gefragt, wie viele Kalorien tatsächlich in einer Erdnuss stecken. War eine schwere Rechenaufgabe, aber nun weiß ich, es sind 20 Kalorien. Klein, aber oh no! Außerdem weiß ich jetzt, warum die Dinger in jeder Kneipe herumliegen: Bier ist harntreibend. Wenn du einen Liter Bier trinkst, pinkelst du 1,05 Liter Wasser aus, weil Bier dem Körper Wasser entzieht (und man deshalb ja auch von zu viel einen Kater bekommt und Nachdurst hat). Es ist also immer gut, ein Wässerchen zum Bier zu trinken, um den Wasserhaushalt auszugleichen. Sagt Dr. Bujar! Denn mit dem Wasser wird Salz ausgeschieden, darum die salzigen Nüsschen in der Kneipe! Mit denen hält man länger durch. Im Gastronomie-Gewerbe gibt es gar den Begriff der »bierfreundlichen Speisen« – dazu zählt alles, was salzig ist: Chips, Nüsse, Kassler!

Ich begann, mich mit dem Thema Kohlenhydrate auseinanderzusetzen. Blätterte auf dem Klo statt des »Kicker« ein Fitness-Heftchen durch, dessen Titelgeschichte sich damit beschäftigte. Ich hatte schließlich eine Wette zu gewinnen, egal wie.

Dem Heftchen nach waren Kohlenhydrate schlimmer als Pest und Cholera zusammen, aber ganz so dramatisch mochte ich das nicht sehen. Mir waren Kohlenhydrate eigentlich sympathisch: Alles, was mir schmeckte, enthielt massig viel von ihnen – ob Schokolade, Nudeln oder Kartoffeln, besser gesagt: Pommes frites. Doch wer abnehmen wollte, las ich, sollte nichts zu sich nehmen, das pro 100 Gramm mehr als 10 Gramm Kohlenhydrate enthielt.

Hektisch googelte ich, wie kohlenhydrathaltig Bier eigentlich sei. Ich betete zum heiligen St. Pilsius: Mach, dass es nicht so schlimm ist! Dann atmete ich auf. Auf 100 Gramm Bier kamen nur 2,8 Gramm Kohlenhydrate (liebe Apfelsafttrinker, nur kurz zur Info: Euer Drink enthält 10,3 Gramm. Sorry!). Ich lud mir eine App auf mein iPhone, mit der ich Getränke und Speisen überprüfen konnte. Feine Sache. Ich beschloss, in den kommenden Wochen weitestgehend auf Kohlenhydrate zu verzichten – abgesehen von denen, die im Bier herumschwammen.

Beruhigt lehnte ich mich zurück und schaute schnell noch mal in das Fitness-Heftchen: Die Geschichte »Sex: Dafür gibt sie die Bestnote« erschien mir reizvoll, entpuppte sich aber als lauwarmer Ratgeber. »Lassen Sie im Bett doch mal die Schuhe an«, lautete ein Tipp. Ich ging lieber zu Bettina und zog die Schuhe aus. Sie meinte es heute gut mit mir: Ich hatte seit unserer letzten Messung ein Kilo verloren. Ein ganzes Kilo! Bettina wurde mir langsam sympathisch.

Beschwingt setzte ich mich an meinen Computer, denn das Fitness-Heftchen, so blöd es auch klang, hatte mich mit seinen Erotik-Tipps auf einen Abnehm-Gedanken gebracht. Ich gab »Sex + Kalorien« in meiner Suchmaschine ein. Es erschien mir nicht unwahrscheinlich, dass man beim Geschlechtsverkehr das eine oder andere Gramm verlieren kann – jedenfalls, wenn man sich dabei ein bisschen anstrengt.

Nun liegen wir Männer natürlich auch gern mal da wie ein Faultier und lassen uns bespaßen. Wogegen ja im Prinzip auch nichts einzuwenden ist. Nun aber entdeckte ich, dass es durchaus sinnvoll ist, die Faultier-Position anschließend zu verlassen und ins Geschehen einzugreifen. »Schlankmacher Sex!« las ich auf der Website eines deutschen Nachrichten-Portals. Da hieß es, wer eine »halbe Stunde aktiv« – *aktiv!* – Sex habe, baue 350 Kalorien ab. Ich rechnete kurz um: 1 Liter Bier hatte 420 Kalorien, also müsste man, Pi mal Daumen, vierzig Minuten rammeln wie ein Kanickel – und hatte zwei Weizen verbrannt. Wenn das keine Motivation war! Außerdem lernte ich, dass schon »ein leidenschaftlicher Zungenkuss« ausreichte, um 20 Kalorien wegzuknutschen. Ich rechnete wieder, diesmal 420 Bier-Kalorien durch 20 Kuss-Kalorien. Ich kam zu dem Schluss, dass man einundzwanzig Frauen die Zunge in den Hals stecken müsste, dann waren auch zwei Weizen runter.

Ich driftete kurz ab und sah mich schon bei Karl in der Kneipe auf dem Tresen stehen wie Robbie Williams auf der Bühne der prall besetzten Köln-Arena, eine Hand in die Hüfte gestemmt, die andere an die Stirn gespreizt. Mein Blick wanderte durchs Publikum, das vornehmlich weiblich war, die Arme ausstreckte und mit den Fingern schnipste, als ich rief: »Wer hilft mir, zwei Franziskaner wegzuknutschen?« Ich! Ich! Ich!

Dann erwachte ich aus meinem kleinen Tagträumchen und fragte mich, ob ich eigentlich noch alle Latten am Zaun hatte. Warum in die Ferne schweifen, wenn das Gute so nah war? Ich ging ins Bett. Zu Sina.

KAPITEL VIER

Es war kurz nach 8 Uhr morgens, und ich musste geschäftlich nach Hamburg. Ich stand im Terminal eins des Flughafens Köln/Bonn und wartete auf meine Maschine. Mich überkam ein leichtes Hungergefühl, also schlurfte ich die Snack-Bars ab, die ich rund um mein Gate sah. In der Hand hielt ich mein iPhone, das ich inzwischen mehr als Kalorienrechner denn als Telefon benutzte. Es war, als liefe ich durch ein Kohlenhydrat-Minenfeld: Was sich mir in den Snack-Bars darbot, war mit meiner Diät nur schwer vereinbar.

Ein Bagel – 49 Gramm Kohlenhydrate pro 100 Gramm, wie mein iPhone warnend erklärte. Ein Croissant: 38 Gramm. Ein normales Brötchen: 53 Gramm. Auch nicht viel besser – ein Mehrkornbrötchen: 46 Gramm. Mit wenig Hoffnung gab ich »Pizza Salami« ein: 27 Gramm pro 100 Gramm. Dann Nudelsalat: 20 Gramm. Ein Wiener Würstchen: 0,2 Gramm. »Strike!«, jubelte ich, bis ich den Fettanteil sah – 26 Gramm. Ich versuchte es mit einem gesunden Müsliriegel, jedoch: ein Kohlenhydratanteil von 48,9 Gramm.

Zum Glück schallte es in dieser Sekunde aus dem

Lautsprecher: »Meine Damen und Herren, Flug 2803 nach Hamburg ist nun am Gate C30 für Sie zum Einsteigen bereit.«

Ja, ja, dachte ich, und wir möchten Sie darauf hinweisen, dass es an Bord keinen Snack unter 1000 Kalorien gibt.

Am Mittag saß ich in Hamburg in einem Meeting, als ich furchtbar schlechte Laune bekam. Wir debattierten ein neues Projekt, das für meine Firma mehr als wichtig war, aber ich konnte mich kaum darauf konzentrieren. Ich fühle mich müde, schlaff und unkreativ. »Herr Bujar, was meinen Sie denn dazu?«, wurde ich gefragt.

Meine Antwort war ein raumfüllendes Magenknurren. In der gleichen Sekunde dämmerte es mir: Ich hatte einen Hungerast. Wie die Irren bei der Tour de France, die vor lauter EPO nicht genügend Kohlenhydrate zu sich genommen haben und völlig unterzuckert einbrachen.

Ich hatte über die ganze Kohlenhydrate-Rechnerei schlicht und einfach vergessen, etwas zu essen. Meine Gedanken kreisten um Kalorien und Gramm, die ich nicht zunehmen wollte, anstatt mich darauf zu konzentrieren, meine Energiereserven aufzufüllen.

»Kurze Mittagspause«, stöhnte ich.

Ich muss sehr armselig ausgesehen haben, denn die Kollegen nickten irritiert bis bestürzt. Ich eilte hinaus, zum nächstbesten Italiener.

»Danke, ich brauche keine Karte«, raunzte ich den Kellner an, der mir das Menü hinlegte. Ich orderte einen Insalata Mista und ein Carpaccio. Als ich deren Werte in mein iPhone eingeben wollte, war die Batterie leer. Ob mein Telefon auch auf Diät war?

Schade, ich hätte Ulrike gern eine E-Mail geschrieben, aus der Reihe »Witz des Tages«. Die würde sich schlapplachen, wenn ich ihr von meinem müden Konferenz-Auftritt erzählte.

Der Salat und das Carpaccio hatten mich wieder aufgerichtet, als ich am Abend Markus traf, einen Hamburger Freund, bei dem ich übernachtete. Wir standen im »Kurhaus«, einer Bar bei ihm um die Ecke, die eher eine Kurschachtel ist, winzig klein. Wir lehnten am Tresen, auf dem ein altmodischer Automat stand, aus dem man kleine, blaue Erdnusspäckchen ziehen konnte. Im Laufe des Abends guckte Markus wie ein Mann im Kreißsaal, der entdeckt, dass sein Kind nicht seine Hautfarbe hat: verwirrt. Denn statt unseres üblichen Kneipen-Gelabers über Fußball, Frauen und Weltpolitik musste er sich alles über meine Bier-Diät anhören.

»Ich habe in den vergangenen drei Wochen 2,03 Kilo abgenommen«, schwärmte ich, »und ich stehe hier mit einem Weizenbier vor dir. Ist das nicht geil? Ich hab mir 'ne Bombenwaage gekauft, die Bettina, das ist jetzt meine beste Freundin …«

»Jens«, fuhr Markus dazwischen, »hast du gekifft?«

»Schnickschnack«, sagte ich und war nicht zu bremsen. Ich steckte 50 Cent in den Automaten, zog ein paar Erdnüsse heraus und legte sechs davon auf den Tresen – neben die Flasche Bier, an der Markus sich gerade festhielt.

»Hier«, triumphierte ich, »diese sechs Nüsse haben genauso viele Kalorien wie die 0,3 Liter Bier in deiner Flasche. Interessant, oder?« Ich dröselte ihm meine Rechnung auseinander: »Sechs Erdnüsse à je 20 Kalorien ergeben ein kleines Pils à 120 Kalorien. Demnach entspricht eine Handvoll Nüsse etwa einer halben Kiste Bier …«

»Jens«, bremste Markus mich, »was bist du denn für ein Kalorien-Nazi geworden? Können wir das Thema wechseln? Ich hab da neulich so eine Blondine kennengelernt«, sprach er und warf eine Erdnuss in mein Weizenbier. Es schäumte.

**Jens' zehn goldene Bar-Regeln:
Wie man der nächtlichen
Gewichtszunahme entgeht**

1. Finger weg von den Chips, die sind Gift!

2. Finger weg von den fettigen Erdnüssen!

3. Zwischendurch mal ein Glas Wasser trinken. Macht satt und beugt dem Kater vor.

4. Alle Trinkspiele meiden. Kein Bier-Diäter braucht zusätzliche Schnapskalorien.

5. Finger weg von Männern, die nur das eine wollen: »Noch 'ne Runde!«

6. Dein eigener Herr sein. Nur dann etwas bestellen, wenn *du* Durst hast – und nicht, wenn Sozialdruck ausgeübt wird: »Gibst du jetzt einen aus?«

7. Finger weg von Kneipen-Bockwürsten oder Buletten – die kommen in der Regel massenproduziert aus dem Großhandel und sind ihre Kalorien nicht wert. Lieber bei Gelegenheit den Schlachter des Vertrauens aufsuchen und ein Knackwürstchen kaufen, das von den glücklichen Tieren eines Kuschel-Bauernhofes kommt.

8. Disziplin! Meide die Pommesbude, den Döner- oder Burgerladen auf dem Heimweg. Der Fressflash macht nur fett. Lieber direkt nach Hause und hungrig ins Bett gehen, um sich am

nächsten Morgen mit einem ausgiebigen Frühstück zu belohnen.

9. Ran an die Frauen. Sex hilft, Kalorien abzubauen (350 in einer halben Stunde, wenn Mann nicht zu passiv daliegt). 1 Liter Bier ist in gut 40 Minuten weggev*****.

10. Nicht zu viel an all die Regeln denken, damit man noch ein bisschen Spaß am Leben hat!

Später lag ich im Bett und hatte wieder Saft: Mein iPhone war ans Ladegerät angeschlossen, ich tippte eine E-Mail.

Von: Jens Bujar
Datum: Mittwoch, 9. März 2010, 23:51 Uhr
An: Ulrike von Bülow
Betreff: Kalorien-Nazi

Oje, muss ein bisschen aufpassen. Unser lieber Freund Markus hat mich vorhin einen Kalorien-Nazi genannt. Glaub, ich hab etwas viel von meiner Diät geredet.
Läuft aber auch echt gut. Von einem müden Nachmittag abgesehen, an dem ich mich vor Hunger bei meinen Kollegen blamiert habe. Fürchte, hab halluziniert und mich

mit imaginären Keksen unterhalten, als sei ich Krümelmonster.

Nacht, Jens

Von: Ulrike von Bülow
Datum: Mittwoch, 9. März 2011, 23:59 Uhr
An: Jens Bujar
Betreff: RE: Kalorien-Nazi

Mach dir keine Sorgen, ist alles für die gute Sache. Schon mal geguckt, was es kostet, zehn Kisten Astra nach New York zu verschiffen? Hehe!

Träum schön von Keksen!
u.

Von: Jens Bujar
Datum: Donnerstag, 10. März 2011, 00:22 Uhr
An: Ulrike von Bülow
Betreff: RE: RE: Kalorien-Nazi

Auweia, eben noch schnell gegoogelt: Allein der Zoll für Bier kostet so viel, dass ich überlege, ein Schiff zu kaufen und das Zeug zu schmuggeln.
Und nun muss ich schlafen, damit ich morgen frisch für meine Diät bin.
Ahoi!

KAPITEL FÜNF

Mein Ernährungsalltag hatte sich wie folgt eingependelt: Morgens aß ich ein Ei, gespiegelt, gerührt oder geschüttelt, und dazu ein Schwarzbrot. Ich hatte sogar begonnen, hier und da ein wenig Schnittlauch über mein Eichen zu streuen, was meine Freundin sehr putzig fand.

»Schau nur, der Jens – da kommt das Kaninchen in ihm durch!«, sagte Sina und machte mir lange Ohren.

Futterte ich mittags in der Kantine, besann ich mich auf die Vermeidung von Kohlenhydraten. Und auf FdH: Statt zwei Puten-Steaks aß ich nur eines und dazu einen Salat. Das Beilagenbüfett musste wochenlang ohne mich auskommen, auch wenn ich das cremige Kartoffelpüree vermisste. Mit gutem Gewissen nahm ich Suppen zu mir, und theoretisch hätte ich auch bei den Gemüse-Bratlingen zuschlagen können, aber ich war noch Mann genug, dass ich mir derart seltsamen Pseudo-Fleisch-Ersatz ersparte. Fleisch war ja auch nicht mein Problem: Geflügel ging immer, und auch gegen ein saftiges Steak war nichts einzuwenden. Paniermehl, Frittierfett und Sahnesaucen – das waren meine Feinde.

Trotzdem, die Kilos (beziehungsweise: Gramm) verschwanden für meinen Geschmack zu langsam. Im Zeitlupentempo. Ich fragte mich, ob ich etwas falsch machte, und hatte darum einen Ernährungsberater kontaktiert, dem ich eine Nachricht auf dem Anrufbeantworter hinterlassen hatte. Er rief natürlich ausgerechnet dann zurück, als ich in einem Meeting war, und fragte meine Sekretärin, was ich von ihm wollte. Ich war noch nicht ganz aus dem Meeting zurück, da rief meine Sekretärin schon über den Flur: »Herr Bujar, der Herr Jung hat angerufen, Ihr Ernährungsberater. Ist mir gar nicht aufgefallen, dass Sie auf Diät sind.«

Ich kam mir vor wie in diesem Werbespot mit Ingolf Lück, der im Supermarkt ein paar Kondome kauft und die Dame an der Kasse (dargestellt von Hella von Sinnen) durch den ganzen Laden brüllt: »Tiiinaaaaaaaa, wat kosten die Kondome?«

Die halbe Firma drehte sich zu mir um, und ich wusste genau, was alle dachten: Wo will der denn abgenommen haben – an der Nase?

Ich wollte sicherheitshalber mit einem Fachmann sprechen, falls ich mich doch auf dem Holzweg befand oder es etwas gab, das ich übersehen hatte – und das meine Diät beschleunigen könnte. Also hatte ich »Ernährungsberater + Köln« bei Google eingegeben und war bei Manfred Jung gelandet, dessen Praxis sich ganz in der Nähe meiner Wohnung befand.

Ein paar Tage später saß ich bei ihm im Büro, in dem sich die Ernährungsbücher nur so stapelten und massenweise Kalorientabellen und Gemüseabbildungen an den Wänden hingen. Inmitten all dieses Fachwissens schien ich mir ein sehr kleines Diätlicht zu sein.

»Wie kann ich Ihnen helfen, Herr Bujar?«, fragte Dr. Jung, ein Herr mit graumelierter George-Clooney-Frisur und einer schwarzen Harry-Potter-Brille.

Ich erzählte ihm von meiner Bier-Diät, die Dr. Jung nicht halb so doof fand, wie ich mir gerade vorkam.

»Sie können Alkohol trinken und trotzdem abnehmen«, sagte er. »Aber nur mit Gemüse oder ganz ohne Kohlenhydrate? Davon halte ich nichts. Bei der Ernährung kommt es auf Ausgewogenheit an. Im Grunde genommen können Sie alles essen – aber in Maßen. Nichts spricht gegen einen Cheeseburger, solange man ihn nur hin und wieder einmal isst und sich natürlich regelmäßig bewegt.«

Ähnlich sei es mit dem Alkohol. Ein bisschen Bier habe noch niemandem geschadet, so Dr. Jung. Und in Maßen getrunken mache Bier auch keine Diät kaputt.

»Aber natürlich muss ich Sie auf die Gefahren des Alkohols aufmerksam machen«, sagte er und warf mir einen ermahnenden Blick zu. Der erinnerte mich an den Gesichtsausdruck meines Vaters, nachdem er mich mit fünfzehn im Garten bei meiner ersten und einzigen Zigarette erwischt hatte. Glücklicherweise hatte ich mich gleich beim ersten Zug so dermaßen am Rauch verschluckt, dass ich fürchtete, nie wieder Luft zu bekommen. Ein Zustand, der auch bei zu hohem Alkoholkonsum drohen kann, wie ich nun lernte.

»Ab 2,0 Promille kann Alkohol betäubend wirken«, erklärte Herr Dr. Jung. »Ab 3,0 Promille setzen die Reflexe aus, kann Bewusstlosigkeit drohen und ab 4,0 Promille Atemstillstand.«

»O weh«, erschrak ich, »ich glaube, ich werde nie wieder trinken.«

Aber dann beruhigte mich der gute Mann: »Ach, Herr Bujar, Sie sehen so aus, als könnten Sie ein, zwei Bier verkraften. Bei ihrer Statur!«

Und dann erzählte mir Dr. Jung ein paar erstaunliche Dinge, die ich allerdings »bitte nicht als Aufforderung zum Trinken« verstehen dürfe. Es sei aber so, »dass 90 Gramm reinen Alkohols täglich die meisten menschlichen Lebern nicht weiter tangieren« würden.

Ich lernte: Man kann nicht nur einen Liter Bier trinken, sondern notfalls auch zwei.

»Die Leber besitzt einen natürlichen Schutz, der Glykogen heißt«, so Dr. Jung weiter. »Dieser wird von Schnaps zerstört, von hochprozentigem Alkohol also, nicht aber von Bier. Im Gegenteil: Bier regt die Leber zur Glykogen-Produktion an – wenn man es denn in den berühmten Maßen konsumiert.«

Vielleicht sollte ich meine Diät umtaufen, in die »Alles-in-Maßen-Diät«. Aber das klang nicht gerade sexy. »Bier-Diät« hingegen schon. Außerdem passte es nicht so gut, denn ab und an schlage ich ja ganz gern mal über die Stränge, Stichwort: hemmungsloser Genuss. Wenn ich auf einer Party eingeladen bin oder Preußen Münster aufgestiegen ist (aber das passiert ja nur alle vierzig Jahre).

Dr. Jung bekräftigte mich in meinem Abnehmversuch, er fand, ich sei auf dem richtigen Wege.

»Sie brauchen einfach Geduld, Herr Bujar. Was Sie da machen, ist viel gesünder als eine Crash-Diät, bei der Sie in Windeseile 10 Kilo verlieren. So etwas führt nur dazu, dass die Leute glauben, sie hätten ihr Gewicht super im Griff. Zwei Wochen später haben sie dann wieder zugenommen. Und sind doppelt frustriert. Geben Sie sich Zeit.«

Bitte, wenn er meint. Aber nur fünf Monate.

Von: Jens Bujar
Datum: Montag, 14. März 2011, 21:51 Uhr
An: Ulrike von Bülow
Betreff: Bin ich ein geiler Typ!

Hallo, schöne Frau,
ich fühle mich gerade wie jemand, der zum Therapeuten gerannt ist, weil er glaubt, dass er 'ne Vollklatsche hat. Und dann vom Therapeuten mit den Worten beruhigt wurde: Keine Sorge, es ist nur 'ne Halbklatsche!

Ich war beim Ernährungsberater, weil ich ein bisschen an der Bier-Diät gezweifelt habe, aber der Ernährungsberater fand meine Diät eigentlich ganz dufte.
Ha!
Was mache ich denn Freitag, da haben Sina und ich unser Fünfjähriges? Hab versprochen, ich würde was kochen, aber dann hat sie gedroht: »Wenn ich dein Diät-Futter essen muss, deinen Kaninchen-Kram, dann feierst du besser alleine!«
Lg, Jens

Von: Ulrike von Bülow
Datum: Montag, 14. März 2011, 22:03 Uhr
An: Jens Bujar
Betreff: RE: Bin ich ein geiler Typ!

Hihi, so kenn ich Sina!

Fahr doch was Schickes auf, einen kleinen Hummer (kaum Kalorien, aber viel Eiweiß – tipptopp für die Potenz!) und ein Hammer-Bier. Das Beste! Es gibt doch bestimmt so etwas wie den Rolls-Royce unter den Bieren, ein Fläschchen für 350 Euro oder so etwas.

Ich hab hier eine belgische Bar um die Ecke, da machen sie voll auf Pils-Sommelier. Die verkaufen nur edelste Bier-Tropfen, die sie anpreisen wie der alte Bocuse einen 61er-Château-Schieß-mich-tot: »Und hier, dieses Bier mundet mit einem Hauch von Pfirsich, der im Abgang sehr erdbeerig erscheint und den Gaumen sanft umschmeichelt.« Angeblich echtes Bier, klingt aber sehr gezüchtet.

Cheers,
u.

Von: Jens Bujar
Datum: Montag, 14. März 2011, 22:49 Uhr
An: Ulrike von Bülow
Betreff: RE: RE: Bin ich ein geiler Typ!

Geile Idee. Ich suche mal im Internet, was da so zum Thema »Bier + teuer« erscheint.

Danke und Prost, Jens

Ich brauchte nicht mal eine Minute, da hatte ich »Vintage No. 3« von Carlsberg gefunden, das angeblich teuerste Bier der Welt, was ich sofort glaubte, als ich den Preis sah: Eine 0,3-Liter-Flasche kostete 269,60 Euro. Ich bestellte zwei Flaschen, in einem Laden nahe der belgischen Grenze, der mir versprach, dass die beiden Pullen innerhalb von zwei Tagen wie Champagner angereist kämen – in einem edlen Kasten mit Goldverschluss.

Ich überlegte, ob ich mir die bunten Buchstaben des Google-Schriftzuges auf den Oberarm tätowieren sollte: Ohne Google hätte ich meine ersten Diät-Wochen nicht überlebt. Die Suchmaschine war eine elektronische Goldgrube – ein weltweiter Bierfundus. Denn egal in welcher Sprache, mein Lieblingsgetränk kam überall an.

Ich begegnete einem Werbespot für eine holländische Brauerei, einem drei Minuten langen Filmchen, das bei youtube.com Rekord-Klickzahlen hatte. Es suggerierte dir, dass eine Flasche Bier die coolste Sau der Welt aus dir macht, du plötzlich aus 80 Metern Entfernung einen Basketball in den Korb werfen kannst, indische Maharadschas deine Nähe suchen und die geilsten Weiber des Universums vor dir niederknien. Unterlegt war das Ganze mit einem Song, dessen Melodie mir den Rest des Tages nicht mehr aus dem Kopf ging. Und ich dachte: Da hat aber mal jemand seinen Job gut gemacht.

In der Nacht träumte ich, dass mich meine Bier-Diät zum reichsten Mann der Welt gemacht hatte. Bill Gates und Roman Abramowitsch trugen mich auf meine 318 Meter lange Yacht im Hafen von Monte Carlo, wo schon Barack Obama auf mich wartete, um mit mir auf dem Oberdeck eine Partie Tennis zu spielen.

Am nächsten Tag erwachte ich beschwingt. Inspiriert von meinem Traum, ging ich online und sicherte mir ein paar Domains (www.bierdiaet.de, www.bier-diaet.de oder www.bierdiaet.com). Dann machte ich mich auf den Weg in den Feinkostladen. Zu Angelo, einem Italiener, bei dem ich bisher immer gern die gute Salciccia gekauft hatte, italienische Grillwurst mit Koriander, Fenchel und 99 Prozent Fett. Angelo begrüßte mich normalerweise mit einem Grinsen, das so breit war wie der italienische Stiefel am Schaft, wohl wissend, dass er mit mir altem Moppelchen hübsch etwas verdienen würde.

Nun aber sagte Angelo, ein Kerl mit spitzer Nase und dunklen Haaren, der die alten Koteletten von Adriano Celentano aufträgt: »Jäääns, lange nikkte gesääähn! Dachte schon, du bist in Gefängenisse!«

»So kann man das auch sehen«, sagte ich, »ich mache nämlich eine Diät, mein lieber Angelo.«

»Wer brauche Diäääät?«, fragte Angelo und lachte mich aus. »Warum machest du? Läbbe is zu kurzä!«

Eben, lieber Angelo, dachte ich, und darum bin ich gekommen, um ein kleines Hümmerchen zu besorgen, das nur 0,6 Gramm Kohlenhydrate pro 100 Gramm und 1 Gramm Fett enthält. Ein Traum!

»Ich koche ein Festmahl für meine schöne Freundin«, erklärte ich ihm.

Damit konnte er zumindest ansatzweise etwas anfangen. Angelo riet mir zu einem Tiefkühlmodell aus dem US-Bundesstaat Maine, von dem er meinte, ich solle es in Butterschaum anrichten. Dann wollte er mir noch Ricotta Canelloni als Beilage andienen.

Welch Komiker, der Angelo.

Ich hatte mich natürlich längst entschieden – für

Hummer mit Salat und Orangensauce, ein Rezept, das mir in einem alten Kochbuch meiner Mutter begegnet war, einem großartigen Werk.

Mein Ausflug in die gehobene Küche gelang erstaunlich gut, weil mich Mutters Kochbuch ganz einfach an die Hand nahm und mir klar und also auch für einen Mann verständlich sagte, was ich zu tun hatte. Anders als diese neumodischen Kochbücher, in denen Spitzenköche mit Fremdwörtern um sich werfen, so dass man am Herd einen Dolmetscher braucht. Bei Muttern hieß der Topf noch Topf und nicht Casserole. Und man schnitt die Orange in Stücke und nicht in Filets.

Sina war beeindruckt: Mein Hummer war 'ne Eins. Abgesehen davon, dass ich mich beim Herauspulen der Stücke aus den Scheren anstellte wie die Axt im Walde, weil ich mit einem Nussknacker hantierte. Ich hatte natürlich vergessen, kleine Hummer-Gäbelchen zu organisieren. Doch meine stets zu liebevollem Spott geneigte Freundin brauchte nur zwei Bissen, um mir zu gestehen, dass sie begeistert war.

»Ich find das ganz schön toll, was du da machst«, sagte Sina. »Echt, Jens, deine Diät und dieses Essen hier – das ist echt klasse.«

»Ich kann noch klassiger«, sagte ich, und kurz darauf stand das dolle Bier auf dem Tisch. »Et voilà, ein Vintage No. 3.«

Sina fand, das klinge wie »Chanel No. 5« – und

ein bisschen so schmeckte es auch. Parfümiert. Nichts für einen bodenständigen Münsteraner wie mich, obwohl ich natürlich auf meiner Yacht in Monte Carlo immer einen gutgekühlten Vorrat davon hätte. Im Getränkefachmarkt allerdings hätte ich um die zwanzig Kisten Bier für den Preis von einer Flasche Vintage No. 3 bekommen.

»Echt?«, fragte Sina. »Für das Geld hätte ich auch etwas Kleines von Tiffany genommen«, bemerkte sie dann und grinste, »oder ein paar Manolo Blahniks!« Gemeint waren diese komischen Schuhe, mit deren Absätzen man Zähne aufbohren kann.

Aber all das brauchte es an diesem Abend gar nicht. Mir reichte jedenfalls völlig, was Sina nun feierlich sagte: »Prost. Auf dich, Jens. Und auf die Bier-Diät!« Dann schob sie mir einen kleinen Umschlag zu. »Ein kleines Geschenk zum Fünfjährigen.«

Ich öffnete den Umschlag und zog eine Postkarte heraus, die ein hübsches Städtchen im Sauerland zeigte. Ich schaute ein bisschen verwirrt, bis ich die von Sina beschriebene Rückseite sah. »Gutschein für einen kleinen Ausflug. Zur Brauereibesichtigung!«, stand dort.

»Das kann doch nicht Warstein!«, lachte ich.

Sina grinste. »Ich dachte, das fehlt noch bei deinem Bierwissen – wie das Zeug eigentlich hergestellt wird. Ich habe dort angerufen, die machen Touren für Besucher. Aber du bekommst eine Extra-Führung, Jens, weil ich denen nämlich erzählt habe: Mein Freund macht da so eine Diät! Und stell dir vor, die haben gar nicht gelacht.«

Natürlich nicht, das waren ja Menschen vom Fach. Herrlich, endlich konnte ich mich mit Gleichgesinnten unterhalten.

Ich fühlte mich ganz im Reinen. Mit mir und meinem Bauch. Möge dieses Gefühl anhalten, betete ich zum heiligen St. Pilsius – und für ein Weilchen schien es mir so, als habe der mich erhört.

Jens' Lieblingsrezepte, zu denen man sich guten Gewissens ein Bier aufmachen kann

➫ Der Fleisch-Klassiker

Wer Pommes frites, Backkartoffeln, Bratkartoffeln oder Kartoffelgratin durch einen Salat ersetzt, der macht in der Regel nichts falsch mit einem Stück Fleisch. Das sollte aber natürlich so mager wie möglich sein. Und wer jetzt denkt: »Puh, ein Glück, er hat nichts gegen das Knoblauchbrot im Steakhaus geschrieben« – das tue ich jetzt. Knoblauchbrot ist die schlimmste Beilage von allen. WEGLASSEN!

Wer den Griff zum Brot braucht: notfalls mit einem Stück Vollkornbrot im Salatdressing herumtunken. Einer meiner grünen Favoriten, etwa zu einem hübsch rosa gebratenen Filet Mignon: Bataviasalat mit Avocadostückchen, in Scheiben geschnippelten Radieschen und gerösteten Pinienkernen. Mit einem Dressing aus Weißwein- oder Sherryessig und Öl. Und dazu ein sättigendes Hefeweizen!

➫ Meer aus dem Ofen

Was schmeckt wie ein Tag am Mittelmeer? Fisch aus dem Ofen mit frischen Kräutern und Knoblauch – herrlich! Viele Männer mögen keinen Fisch, ich weiß. Mochte ich früher auch nicht besonders, aber dann hab ich mich aus diättechnischen Gründen ein bisschen durchprobiert und festgestellt: Fisch ist extrem vielseitig. Und teilweise schön bissfest. Wer Schwertfisch oder ein saftiges Thunfischsteak isst, der wird kaum merken, dass er kein Fleisch zwischen den Kiemen hat. Thunfisch entwickelte sich schnell zu meinem Favoriten, ob mit ein paar Petersilienkartoffeln, einem Tomaten-Kapern-Ragout oder Gurkengemüse. Und als Tatar mit Kapern, Schalotten und Kresse ist er besonders zu empfehlen. Nette

Vorspeise, die sich farblich sehr schön mit einem Bockbier ergänzt. Man kann aber mit Fisch natürlich auch etwas falsch machen. Wenn er paniert ist, in Remoulade schwimmt oder sich zwischen zwei Brötchenhälften befindet: Flossen weg!

➫ Noch mehr aus dem Ofen

Durch meine Fischversuche entdeckte ich unseren Ofen komplett neu. Früher habe ich den nur benutzt, um Burger warm zu halten oder Frühstückshörnchen aufzubacken. Nun dachte ich: Was mit Fisch funktioniert, das müsste doch auch mit einem Hähnchen gehen. Also schob ich ein Hähnchen in den Backofen, zusammen mit ein paar Zwiebeln, etwas Knoblauch und Kräutern. Und schnippelte ein Gemüseallerlei aus Zucchini, Champignons und Tomaten zurecht, das ich dazugab und im Sud des Hähnchens garen ließ. Das Ergebnis war herrlich saftig und rund im Geschmack. Ich kann nicht behaupten, Kartoffeln oder andere Beilagen vermisst zu haben. Nur konnte ich mich nicht mit mir selbst einigen, welches Bier dazu am besten passte. Ein Pils oder ein Lager. Ging beides.

➫ Männersalate
Salat kann auch Männerherzen höherschlagen lassen. Zum Beispiel dann, wenn er mit Rucola, grünen Böhnchen, Rinderfiletstücken und Granatapfelsauce angemacht ist. Dazu mundet ein dunkles Weizen. Ist Fleisch im gesunden Spiel, vergessen wir schnell, dass wir eigentlich Hasenfutter zu uns nehmen. Auch eine Variante: Endiviensalat mit warmen Champignons, die mit einem Hauch Speck angebraten werden. Tut der testosterongesteuerten Seele gut, macht den Salat herzhaft! Dazu ein Pils, und wir überleben den sonntäglichen »Tatort«-Abend, ohne eine Dickmacher-Pizza zu bestellen. Aber Vorsicht mit den Dressings: Alles, was sahnig aussieht, ist ein No Go!

➫ Frühstücksalternativen
Ein Omelette oder ein Rührei sind super Frühstücksalternativen zum Brot oder Brötchen, wenn man nicht jeden Morgen 18 Eier zu sich nimmt. Der Phantasie sind keine Grenzen gesetzt, denn ob Omelette oder Rührei – beides geht mit Tomaten, Kräutern, Zwiebeln, Lauch, Champignons, einem Hauch Schinken oder, oder. Nur nicht mit Käse! Beides kann man morgens essen, aber auch als warme Mahlzeit

am Mittag oder Abend. Dann passt auch schon mal ein Bierchen dazu. Für meinen Geschmack am besten ein helles.

⇨ Flüssignahrung

Es gibt eine unendliche Bandbreite an Suppen. Und man muss kein Ernährungsberater sein, um zu wissen, dass eine klare Gemüsebrühe weniger Kalorien hat als eine Parmesan- oder Kürbissuppe. Und dass man keinesfalls Weißmehlbrötchen als Suppenschwamm benutzen sollte. Das Gute an Suppen ist, dass man sie mit dem Löffel zu sich nimmt. Das verlangsamt die Nahrungsaufnahme, und ich bin meist nach einem Teller schon satt. Ich bin ein großer Freund der klassischen Hühnersuppe, die gut durchgezogen nach viel Fleisch schmeckt, ohne viel Fleisch zu enthalten und schon gar kein fettes. Auch eine Kartoffelsuppe geht, mit Karöttchen und Wiener Würstchen – wenn man sie nicht püriert und 17 Becher Crème fraîche drunterrührt. Lässt sich gut mit einem winterlichen Ale genießen!

⇨ Japanische Roh-Stoffe

Sushi und Sashimi sind schön leicht. Doch Vorsicht mit dem Reis: Der hat ordentlich Kohlenhydrate – circa 25 Gramm auf 100 Gramm. Wer rohen Fisch mag, fährt also besser mit Sashimi, die ohne Reis serviert werden. Dazu frischer Rettich und japanischer Spinatsalat – herrlich! Gern würde ich jetzt Tipps geben, wie man Sushi und Sashimi selber herstellt. Doch ich bin überzeugt, jedes japanische Kind kann das besser als ich, darum gehe ich stets um die Ecke zu Rai Ken Ozaki, unserem bevorzugten Sushi-Meister, und lass mich von ihm verwöhnen. Zunächst mit einem Sapporo, des Japaners liebsten Bieres, und dann mit Lachs- und Thunfisch-Sashimi.

➪ Ein kleines Grundrezept

So, und jetzt alle aufatmen: Natürlich darf man auch mal eine Currywurst, einen Burger mit Pommes, ein Stück Pizza oder eine Lasagne essen. Aber: MAL! Nicht täglich. Nicht wöchentlich. Die Dosis macht es. Und wer eine kalorienhaltige Sauerei zu sich nimmt, sollte am besten das Bier dazu im Kühlschrank lassen und ein Wässerchen trinken. Und natürlich gilt: Nach jedem unmoralischen Essen – Bewegung nicht vergessen. Wer Sport macht und sich bewegt, der darf sich auch mal was gönnen.

KAPITEL SECHS

Ich hatte großes Glück mit meiner Freundin. Nicht dass Sina meine Bier-Diät mitmachen wollte. Wozu auch? Sina ist sportlich-schlank und neigt nicht zur schnellen Gewichtszunahme. Außerdem ist sie kein großer Bier-Fan: Sina ist eher für eine Weinschorle zu haben. Oder für einen »Caipi«, wie Frauen ja gern sagen, wenn sie einen Caipirinha bestellen. Was den Alkohol angeht, sind die Rollen bei uns also klassisch verteilt: Der Herr trinkt Pils, die Dame Mischgetränke, die sich verniedlichen lassen.

Ich versuchte, mir vorzustellen, wie ich bei Karl in der Kneipe eine »Bierschorle« bestellte oder von einem »Bierchen« redete, doch das erschien mir undenkbar.

»Klar, dafür nimmst du Bier viel zu ernst«, sagte Sina und lachte, als ich ihr von meinen Gedanken erzählte.

Gleichzeitig nahm sie mich und meine Diät sehr ernst, und das wusste ich zu schätzen. Wir teilten mein kleines Projekt, in dem Sina mich zwar fröhlich veräppelte (buchstäblich, weil ich nun als Zwischensnack lieber einen Apfel aß als eine Cabanossi), aber kein Problem damit hatte, dass unsere Küche zu einer ziemlich fettfreien Zone wurde.

Sina brachte mir plötzlich Dinge mit, von denen ich nicht geahnt hatte, dass es sie gibt und mir schmecken würden: Edamame zum Beispiel, noch unreife Sojabohnen, die mitsamt ihrer Hülse in Salzwasser gekocht und dann mit grobem Meersalz bestreut werden. Man isst sie, indem man sie mit den Zähnen direkt aus der Hülle in den Mund drückt. Geschmacklich sind die Dinger der grünen Bohne nicht unähnlich, aber sie sind weicher und leisten keinerlei Widerstand, wenn man sie zerkaut. »100 Gramm haben gerade mal 125 Kaloriechen«, klärte Sina mich auf. »Edamame werden in japanischen Bars als Snack gereicht und mit Bier heruntergespült. Das ist doch etwas für dich«, sagte sie.

Meine Freundin dachte sehr lieb mit, und so saß ich drei Tage nach unserem köstlichen Jubiläums-Hummer im Auto und fuhr zur Brauereibesichtigung ins Sauerland. Sina wollte mich eigentlich chauffieren, damit ich dort auch ein Bier trinken konnte, musste aber kurzfristig absagen und arbeiten. Zum Trost hatte sie mir eine CD eingelegt, die sie für mich aufgenommen hatte, mit den schönsten »Bier-Songs«, wie daraufstand. »Sail Away« war natürlich dabei, das Lied aus der Becks-Werbung, in der Ur-Version, die schön rau von Hans Hartz gesungen wurde, ehe Joe Cocker den Song neu interpretierte – der alte Suffnik.

Der arme Hans Hartz, dachte ich, der ist heute im Himmel – und dort gibt es kein Bier. Das behaupteten zumindest die »Soggy Bottom Boys«, die nun aus meinen Lautsprechern schallten und im schönsten Country-Stil sangen:

In heaven there is no beer
That's why we drink it here
And when we are gone from here
Our friends will be drinking all the beer

Das nenne ich mal gut gereimt.

Die Fahrt dauerte zwei Stunden, dann war ich im hügeligen Sauerland. In einem Städtchen, das für nicht viel mehr als sein Bier berühmt ist: Warstein hat nur 10000 Einwohner, aber 40000 Besucher, die im Jahr hierherkommen, um die Brauerei zu besichtigen. Eine beachtliche Zahl, dachte ich. Ob sich auch so viele Leute für Opel in Rüsselsheim interessierten? Oder für Carl Zeiss in Jena? Ich bezweifelte es.

Für mich gab es jedenfalls kein populäreres Getränk als Bier (außer Coca-Cola vielleicht, aber dafür würde ich nicht nach Atlanta fahren). Und in Warstein dreht sich natürlich alles nur um das eine. Dort geht es zu wie in amerikanischen Vorgärten, wo überall die »Stars and Stripes« wehen. Vor fast jedem Haus hängt eine Fahne mit dem Logo der Brauerei: dieser goldene Kreis mit der Krone und den goldigen Worten »Eine Königin unter den Bieren«. Das klang zwar in meinen Ohren grammatikalisch nicht ganz korrekt, aber bitte, wenn man denen das durchgehen ließ, dann machte ich jetzt eben die Königin unter den Diäten, dachte ich, als ich auf das Gelände der Brauerei fuhr.

Kaum dort angekommen, sprach mich jemand an: »Herr Bujar?«

Normalerweise werden Touristen in eine Bimmelbahn gesetzt und über das Brauerei-Gelände gekarrt, mich aber empfing man, als hätte ich eine Privataudienz beim Papst. Ein netter Mann mit zarter Brille und breitem Lächeln, der sich als Pressesprecher vorstellte, nahm sich meiner an und führte mich herum. Zunächst aber beantwortete er mir eine Frage, die mir auf dem Weg hierher beim Anblick der sauerländischen Provinz in den Sinn gekommen war: »Wie konnten eigentlich so viele Brauereien aus eher kleineren Ortschaften groß und berühmt werden, wie beispielsweise Warsteiner, Veltins oder Krombacher?«, wollte ich wissen.

»Nun«, sprach der Mann, »das hat mit dem Zweiten Weltkrieg zu tun, als die Brauereien in größeren Städten ausgebombt wurden – wie zum Beispiel in Dortmund.«

»Aha«, sagte ich und war wieder 0,1 Liter bierschlauer.

Am Ende des Tages sollte ich ein ganzes Fass mit neuem Wissen intus haben.

Aber erst einmal betrat ich eine Halle, die etwa so groß war wie eine Ikea-Filiale, nur dass hier Bier produziert wurde und nicht Billy in Regalen lag. Ich hatte erwartet, dass es in so einer Halle riechen würde wie in einer Kneipe, die 24 Stunden am Tag geöffnet hat und in der sich verschüttetes Pils in den Teppich und sonst wohin gegraben hat. Doch meine Nase vernahm einen dermaßen neutralen Geruch, dass ich dachte: Bei mir zu Hause riecht es nach einer Party mehr nach Bier als hier. Die Halle war extrem aufgeräumt und sauber. Ich hätte mich nicht gescheut, wenn man mir angeboten hätte, das Bier vom Boden zu schlürfen – zwischen prächtig glänzenden Edelstahl-Bottichen, die etwa einen Durchmesser von 10 Metern haben. In ihnen wird das Bier angerührt. Ehe es in die Rohrleitungssysteme verschwindet, die für den Betrachter aber unsichtbar bleiben.

Auf den ersten Blick sah die Bier-Produktion eher unspektakulär aus. Genau so, wie ich mir das vorgestellt hatte. Ich dachte immer, die Herstellung von Wein sei eine Kunst und die von Bier ein Geschäft. Nach dem Motto: Zutaten in Bottich, umrühren, fertig. Ganz so einfach ist es dann aber doch nicht, wie ich nun lernte: Das Brauen scheint eine Wissenschaft für sich zu sein, weil sich die Zutaten immer wieder verändern, je nachdem, wie die Ernte ausgefallen war. Ganz im Sinne von: Guter Hopfen, schlechter Hopfen.

Für die Amerikaner ist es leichter. Wenn die mit schlechtem Hopfen zu kämpfen haben, können sie einfach ein paar Zusatzstoffe wie Zucker dazuschütten – und fertig ist die Bierlaube. In Deutschland gibt es aber das Reinheitsgebot, das Zusatzstoffe verbietet und stolz unsere Bierqualität sichert. Es wurde 1519 vom bayerischen Herzog Wilhelm IV. in Ingolstadt erlassen und gilt bis heute: Bier darf in der Bundesrepublik Deutschland ausschließlich aus Malz, Hopfen, Hefe und Wasser hergestellt werden. Pilsgott sei Dank!

Doch das macht es unseren Braumeistern schwerer, wenn die Ernte einmal schlecht ausgefallen ist. In Gedanken zog ich vor ihrem Können meinen nicht vorhandenen Hut und rief ihnen zu: Chapeau!

Die Braumeister hier hatten etwas von Pablo Picasso oder Leonardo da Vinci – sie kamen mir vor wie große Künstler. Das Bier muss ja immer gleich schmecken, und so traf ich auf sehr erfahrene Männer, die genau wissen, wann sie einen Gärprozess beenden müssen, um welchen Geschmack zu erzielen. Männer, die sich der Tradition verpflichtet fühlen und finden, dass Braumeister das Reinheitsgebot beschützen müssen. Wenn man denen hier sagen würde: Ihr dürft jetzt panschen wie die Amis – ich glaube, die würden das trotzdem nicht machen. Die hegen und pflegen lieber ihre Bottiche und betrachten die Herstellung ihres Bieres wie eine Mutter die Geburt ihres Kindes: sehr emotional.

Ich habe versprochen, keine Namen zu nennen, denn wer sagt: »Alkohol ist nicht nur böse«, wird ja in Zeiten, in denen die Jugend sich mit Alkopops wegschießt und die Bundesregierung Kampagnen gegen Alkohol schaltet, abgestraft.

Die Braumeister sind ziemlich zurückhaltend und vorsichtig, »aber wir mögen natürlich, was wir herstellen«, erzählte mir einer von ihnen. »Ich würde aber niemandem empfehlen: Betrink dich. Darum geht es uns hier nicht.«

Ein anderer Braumeister klärte mich auf, dass es Quatsch sei, dass die Leute denken: Hui, heute trinke ich mal keinen Alkohol, dadurch schone ich meine Leber. »Es ist ein Irrtum, zu glauben, die Leber sei nur mit dem Alkohol beschäftigt – die hat mit Cola oder mit Kaffee genauso zu kämpfen wie mit Bier.«

Dann fragte er mich, wie Bier für mich besetzt sei – positiv oder negativ? »Ich meine«, sagte der Herr, »erinnern Sie sich doch mal an die schönen Momente in Ihrem Leben: die erste Party, das erste Knutschen, der erste Sex – war da ein Bier dabei?«

Blöde Frage. Natürlich!

Die erste Party, die ich bewusst erlebt habe, war der achtzehnte Geburtstag meiner drei Jahre älteren Schwester Ila: Ich war fünfzehn und durfte bis 24 Uhr aufbleiben, weil Ila reinfeierte – doch um 22.30 Uhr war ich bereits volltrunken, weil ich mir hinter dem breiten Rücken unseres Vaters heimlich die ersten Biere meines Lebens eingetrichtert hatte. Unsere Mutter nahm mich sodann beiseite und riet mir: »Geh doch bitte zu Bett, Jens!«

Doch ich hielt durch, sogar bis Mitternacht und fühlte mich wie eine dieser aufgeblasenen Riesenfiguren, die heute regelmäßig durch deutsche Bundesliga-Stadien wehen und immer so komisch mit den Armen im Wind wedeln. Genau so muss ich auch ausgesehen haben, als ich um Punkt zwölf auf mein Schwesterherz zueierte und versuchte, sie zu umarmen. Völlig unkontrolliert. Aber lustig, wie Ila bis heute sagt.

Das erste Knutschen, an das ich mich erinnere, fand ein paar Tage später statt, nachdem ich wieder nüchtern war. Da nahm ich in der großen Pause auf dem Schulhof beim Tischtennisspiel meine Mitschülerin Kati beiseite. Eine süße Blondine, die ich schon lange heimlich verehrte. Nun sagte ich ihr ganz offen: »Kati, ich war jetzt das erste Mal betrunken, jetzt möchte ich auch das erste Mal knutschen. Bist du dabei?«

»Nee«, sagte Kati, doch dann küsste sie mich komischerweise.

Nach dem Unterricht trafen wir uns hinter der Turnhalle und küssten uns weiter.

»Wie wäre es heute Abend mit einem Bier im Jugendtreff?«, fragte ich.

»Okay«, sagte Kati.

Doch am Abend erschien leider ihr großer Bruder, ein nicht ganz so süßer Blonder, und teilte mir mit: »Sie will dich nicht sehen. Komm meiner Familie nicht zu nahe.«

Ich weiß bis heute nicht, was das Problem war, ich weiß nur, dass es sich für mich anfühlte, als sei ich auf einer sizilianischen Insel und hätte es mit der Mafia zu tun. Vendetta!

So, und nun sollte dieser Episode eigentlich mein erster Sex folgen, doch dazu möchte ich nur so viel sagen: Ich war nicht betrunken, und es war nicht Kati. Ich hatte nur zwei Bier im Kopf, und ihr Name war Birgit. Und es war schöööööööön!

Ich träumte gerade davon, als mich ein Braumeister in Warstein beiseitenahm und mir ein paar Zahlen zuflüsterte, die mich kurz darauf eine schnelle E-Mail schreiben ließen.

Von: Jens Bujar

Datum: Montag, 21. März 2011, 14:12 Uhr

An: Ulrike von Bülow

Betreff: Komm zurück!

Schöne Frau, du glaubst nicht, was für einen netten Ausflug ich gerade mache (hat Sina mir geschenkt!): Bin in einer Brauerei und studiere, wie Bier entsteht. Aber gerade hat mir einer der Braumeister erzählt, dass der Pro-Kopf-Bierverbrauch in deutschen Landen zurückgeht: Von 1970 bis 1990 lag er bei über 140 Litern im

Jahr. Aber 2009 lag der Pro-Kopf-Verbrauch nur noch bei 109 Litern. Schätze, weil du weg bist.

Komm heim,
Jens

Von: Ulrike von Bülow
Datum: Montag, 21. März 2011, 14:48 Uhr
An: Jens Bujar
Betreff: RE: Komm zurück!

Super These, Jens! Aber wenn ich eine Sekunde drüber nachdenke: Könnte der Rückgang auch damit zu tun haben, dass Bier teurer geworden ist – in Euroland? Ich erinnere mich, dass Bier in der Gastronomie mal billiger war: Ein Weizen kostete vor der blöden Euroumstellung 4,50, maximal 5 Mark. Heute musst du aber 3,80 bis 4 Euro dafür hinlegen. Frechheit!
Und war es nicht mal selbstverständlicher, Bier zu trinken? Ich hab irgendwie das Gefühl, dass bei all den Diskussionen um harten Alkohol für unser armes Bier gilt: mitgehangen, mitgefangen. Was ich nicht ganz fair finde. Frag mal die Experten!
Cheers, u.

Von: Jens Bujar
Datum: Montag, 21. März 2011, 14:55 Uhr
An: Ulrike von Bülow
Betreff: RE: RE: Komm zurück!

Stimmt, jetzt, wo du's sagst, fällt mir auf: Als ich als Kind die Baustelle von »Playmobil« bekommen habe, waren zwei Kisten Bier dabei. So kleine Plastikbierkästen mit sechs Flaschen drin, deren Hals genau in die Griffel der Figuren passte. Wette, das gibt's heute nicht mehr, weil politisch unkorrekt.

Früher war Bier vielleicht eher ein Lebensmittel als ein Genussmittel, da hatte das noch mehr mit körperlicher Arbeit zu tun: Völlig normal, dass ein Bauarbeiter auf Schicht mal eins trank. Heute wirst du schief angeguckt und giltst gleich als Voll-Alki, wenn du in der Mittagspause in der Kantine *ein* Bier trinkst.

Die Leute konsumieren heutzutage bewusster, die wissen, was sie tun. Die gewöhnen sich ja auch das Rauchen ab!

Lg, Jens

»Ja«, nickte einer der Bierbraumeister zustimmend, als ich ihm von unseren Überlegungen erzählte, »das stimmt. Und das ist ja auch gut, dass die Menschen über ihre Gesundheit nachdenken und sich darüber im Klaren sind, was für sie schädlich ist. Trotzdem, ein schön gezapftes Bier schadet keinem erwachsenen Menschen, der sich bewusst durchs Leben bewegt und kein Alkoholiker ist. Noch Fragen, Herr Bujar?«

Äh, ja. »Kann man Bier eigentlich in jeder beliebigen Stärke herstellen?«

»Nein«, sprach der Meister, »ab 10, 12 Prozent Alkoholgehalt gibt die Hefe auf und stirbt ab.«

»Und warum gibt es kein Light-Bier in Deutschland, Amerikas Lieblingserfindung?«, fragte ich.

»Light-Bier hat etwas weniger Alkohol und etwas weniger Kalorien als normales Bier, doch es hat sich in Deutschland einfach nicht durchgesetzt, weil es von den Leuten nicht angenommen wurde. Es erschien ihnen irgendwie unecht. Das ergab zumindest die Marktforschung«, klärte der Braumeister mich auf.

Klang für mich logisch: Warum für ein bisschen »etwas« vom Eigentlichen abkommen?

Man fragte mich, ob ich ein Bier probieren wolle. Ein Alkoholfreies vielleicht, antwortete ich, ich war ja mit dem Auto da. Ich hatte noch nie alkoholfreies Bier getrunken, weil ich immer dachte: Wenn ich keinen Alkohol möchte, dann trinke ich ein Wasser oder einen Saft. Ich würde auch niemals koffeinfreien Kaffee bestellen – mir war nicht klar, wozu der gut sein sollte. Außer vielleicht für den typischen Kaffeeatem.

Das Alkoholfreie aber, das man mir nun in die Hand drückte, schmeckte nicht halb so schlimm, wie ich erwartete, so dass ich beschloss, meinen Geschmack noch einmal zu überdenken. Ich fragte einen der Braumeister: »Wie geht das, alkoholfreies Bier herzustellen?«

Seine Erklärung erstaunte mich.

»Um es ein Bier nennen zu dürfen, muss ein Alkoholfreies Alkohol enthalten haben. Es wird darum wie richtiges Bier gebraut, doch dann wird der Brauprozess in einem frühen Stadium abgebrochen. Man kann auch ein echtes Bier nehmen und ihm den Alkohol entziehen, aber das ist zu aufwendig. Und zu kompliziert, um es zu erklären, Herr Bujar«, antwortete der gute Mann, und ich fragte besser nicht weiter nach.

Lieber hörte ich die Geschichte der Hefe, die auf bayrischen Stammtischen oft in Schälchen auf dem Tisch steht, wie man mir erzählte.

»Echte Biertrinker, also Bayern, rühren gern eine Extraportion Hefe in ihr Bierglas wie andere Zucker in ihren Kaffee. Weil Hefe der wahre Geschmacksträger ist. Hier in der Brauerei gibt es ein großes Labor, das einzig dafür da ist, Hefe zu züchten, die wir ›den Schlüssel zu allem‹ nennen«, so der Herr Braumeister.

Puh! Langsam war ich voll mit Bierwissen und verabschiedete mich in Richtung Auto.

—

Auf dem Rückweg dachte ich noch ein bisschen über alkoholfreies Bier nach. Nach meiner Erfahrung heute erschien es mir ein wenig unterschätzt, jedenfalls von meiner Seite. Ulrike hat mich immer verstanden, wenn ich gesagt habe: »Alkoholfreies trink ich nicht – das braucht kein Mensch!« Sie ist da ziemlich auf meiner Seite, hat aber mal gesagt, dass es zumindest eine Sorte Alkoholfreies gibt, das sie trinke, wenn sie alkoholfreie Wochen einlege. Keine Ahnung, wann das sein soll, aber vielleicht sollte ich mich dem Thema ein bisschen öffnen. Außerdem fragte ich mich etwas, das ich ausnahmsweise mal nicht googeln konnte, weil ich im Auto saß. Aber ich musste dringend tanken, und zwar voll, so dass ich Zeit hatte, eine E-Mail abzuschicken, während 55 Liter Diesel in unseren leicht angebeulten Kombi liefen.

Von: Jens Bujar
Datum: Montag, 21. März 2011, 17:05 Uhr
An: Ulrike von Bülow
Betreff: Alkfrei

Sag mal, Bier-Frau, ich hab da vorhin das erste Alkoholfreie meines Lebens getrunken, und das war gar nicht so schlecht. Möchte fast sagen: genießbar. Und ich finde, wir sollten uns dem alkfreien Thema ein bisschen öffnen. Frage mich gerade: Wer hat das eigentlich erfunden, Bier ohne Drogen? Kannst mal gucken?

Von: Ulrike von Bülow
Datum: Montag, 21. März 2011, 22:25 Uhr
An: Jens Bujar
Betreff: RE: Alkfrei

Sorry, hat etwas gedauert, ist nicht so einfach. Hab dazu nur eine Erklärung gefunden – bei »Stupidedia«, ein Wikipedia-Imitat, wo herrlicher Unfug erzählt wird. Da steht zum Thema Erfinder: »Die CIA verdächtigt Al Quaida.« Auch werden Frauen verdächtigt, »die Fußball langweiliger machen wollten«.

Aber als Einleitung steht da: »Alkoholfreies Bier, auch *kastriertes Bier* genannt, zählt neben der Atombombe zu den grausamsten Erfindungen der Menschheit. Es ist hochgiftig und führt binnen 5 Minuten nach dem Konsum zu einem schmerzhaften Tod. Die Überlebenschance liegt bei 0 Prozent, also recht gering. Alkoholfreies Bier wird generell als Paradebeispiel dafür angesehen, wie etwas seinen Zweck gründlichst verfehlen kann.«

Ich zitiere weiter, unter der Überschrift »Verwendungszweck«: »Alkoholfreies Bier sieht genauso aus wie das Original. Am häufigsten wird es für kosmetische Verschönerungen verwendet, denn dank seiner sehr hohen verweiblichenden Wirkung kann es auch sehr maskuline, stark behaarte und muskulöse Kerle in hübsche, feminine, kindlich anmutende Püppchen verwandeln.«

Unterschreibe ich.

Und jetzt Schnauze, hier wird noch gearbeitet!

Von: Jens Bujar

Datum: Montag, 21. März 2011, 22:45 Uhr

An: Ulrike von Bülow

Betreff: RE: RE: Alkfrei

Selber Schnauze, hier wird jetzt geschlafen.
Trotzdem, ich frage mich, ob ich nicht mal einen kleinen alkoholfreien Bier-Abend gestalten sollte. So placebomäßig, keiner weiß, was in seinem Glas ist. Wer wohl wann merken würde, was er trinkt beziehungsweise nicht trinkt …?

Von: Ulrike von Bülow
Datum: Montag, 21. März 2011, 22:48 Uhr
An: Jens Bujar
Betreff: RE: RE: RE: Alkfrei

Da schläfst du bitte unbedingt noch einmal drüber. So 'n Käse! Eher veranstalte ich eine nudelfreie Nacht bei meinem Lieblingsitaliener Paolo.
Dem hab ich übrigens kürzlich von deiner Diät erzählt, und die fand der so lustig, dass er sich auf seinem iPhone um Kopf und Kragen gegoogelt hat (wie du). Er fand das Rezept für ein »Birramisù«, ein Bier-Tiramisù. Das bekomme ich beim nächsten Besuch zum Nachtisch, hat er versprochen: Alles wie bei einem echten Tiramisù, also mit Mascarpone, Zucker, Eiern und Löffelbiskuits, aber statt im Espresso werden die dann in einem dunklen Bier gebadet. Ich bin gespannt! Aber dazu, so Paolo, solle ich dann bitte kein Pils trinken, sondern »liquid love«, wie er sagt: flüssige Liebe. Rotwein!

Von: Jens Bujar
Datum: Montag, 21. März 2011, 22:59 Uhr

An: Ulrike von Bülow
Betreff: RE: RE: RE: RE: Alkfrei

Liquid Love. Sehr hübsch.
Aber was ist denn dann Bier?
Flüssige Gemütlichkeit!

Von: Ulrike von Bülow
Datum: Montag, 21. März 2011, 23:01 Uhr
An: Jens Bujar
Betreff: RE: RE: RE: RE: RE: Alkfrei

Flüssige Freundschaft!

Von: Jens Bujar
Datum: Montag, 21. März 2011, 23:02 Uhr
An: Ulrike von Bülow
Betreff: RE: RE: RE: RE: RE: RE: Alkfrei

Flüssige Heimat!

Von: Ulrike von Bülow
Datum: Montag, 21. März 2011, 23:04 Uhr
An: Jens Bujar
Betreff: RE: RE: RE: RE: RE: RE: RE: Alkfrei

Bingo!

Jens' Bier-Alphabet: I bis Q

I wie »In Drinks«

Bier gibt es inzwischen in vielen Mixturen: mit Energy-Drinks, Grapefruitgeschmack oder schon fertig als Alsterwasser gemischt. Im Getränkemarkt kommt man sich ja schon fast vor wie an der Theke einer Eisdiele. Also freuen wir uns als Nächstes auf Weizen-Pistazie, Stracciatella-Pils und natürlich Kokos-Kölsch.

J wie Japan

Da sich Japan bis 1853 von der Außenwelt abschottete, begann der Siegeszug des Bieres dort erst danach: Im Jahr 1870 wurde die erste Brauerei auf japanischem Boden gebaut. Zu dieser Zeit erfreute sich dort aber schon das importierte Bier der Berliner Tivoli-Brauerei großer Beliebtheit. Es war so populär, dass ein Japaner namens Nakagawa Seibei nach Berlin zog, um bei der Tivoli-Brauerei das Brauereihandwerk zu erlernen. Wieder zurück in Japan, war der Herr am Aufbau der Sapporo-Brauerei beteiligt, deren Bier wir bis heute gerne zum Sushi trinken. Mittlerweile ist Bier das beliebteste alkoholische Getränk in Japan – noch vor Sake.

➫ K wie Kotzbecken

Sie sehen aus wie eine Mischung aus Toilette und Waschbecken. Man findet sie in Gastronomiebetrieben, deren Besitzer wissen, dass die Kundschaft gerne mal einen über den Durst trinkt. Praktisch aufgerüstet verfügen sie über zwei stabile Haltegriffe und eine Art Duschbrause zum Nachspülen. Eine weitere Erfindung, auf die wir Deutschen stolz sein können, die wahrscheinlich aber nicht ganz so erfolgreich werden wird wie unser Bier.

➫ L wie Leber

Die Leber ist das Organ in unserem Körper, das den Alkohol wieder entfernen muss. Es gibt sehr viele Studien und unterschiedliche Angaben, wie viel Alkohol unsere Leber vertragen kann, ohne großen Schaden zu nehmen. Wer das Thema bei »Google« eingibt, findet Freifahrtscheine für fast jede Trinkgewohnheit, daher ist es sicher das Beste, einfach auf seinen Körper zu hören. Die Dosis macht das Gift, und die ist nun einmal bei jedem Menschen unterschiedlich. Zudem sollte man bedenken, dass die Leber kein Spezialorgan für Alkohol ist. Selbst bei Menschen, die keinen Alkohol trinken, hat die Leber jeden Tag ordentlich zu tun, unter anderem mit Kaffee oder Coca-Cola. An einem alkoholfreien Tag liegt die Leber also keinesfalls im Freibad oder auf der Massagebank – die muss immer ackern. Zwar kann die Leber sich (als eines der wenigen Organe) komplett regenerieren, aber darauf wollen wir es doch nicht ankommen lassen, oder?

➫ M wie Malz

Malz ist – hört, hört! – keine Pflanze, sondern ein Produkt aus Getreide. So, wie es keine Currypflanze gibt, sondern Curry eine Gewürzmischung ist. Als Braumalz wird meist Gerstenmalz verwendet. Und das geht so: Die Gerste quillt ein bis zwei Tage in Wasser, dadurch wandelt sich Stärke in Malzzucker um. Das Ganze wird dann trockengeföhnt wie die Frisur von Dieter Bohlen – und je nach Temperatur ändern sich Farbe und Geschmack des späteren Bieres.

➫ N wie Nahrungsmittel

Sehr lange Zeit wurde Bier nicht als Genussmittel, sondern als Nahrungsmittel angesehen.

Mönche »aßen« es in der Fastenzeit. Damals traute man sich sogar, eher Bier als Wasser zu trinken, denn Wasser war oft mit Keimen verunreinigt. Also griff man zum Durstlöschen lieber zu einem Bier, da dessen Alkohol Bakterien abtötete. Leider gab es das Statistische Bundesamt damals noch nicht – der Pro-Kopf-Konsum im Mittelalter wäre sicher sehr beeindruckend gewesen. Vor nicht allzu langer Zeit war Bier auch noch in Fabrikkantinen und auf Baustellen bei jeder Mahlzeit zugegen, aber das hat leider nachgelassen.

⇨ O wie »*O'zapft is!*«

Millionen von Menschen freuen sich auf diesen Satz des Münchener Oberbürgermeisters am ersten Tag des Oktoberfestes: Der wird traditionell um 12 Uhr zum Auftakt im »Schottenhammel-Festzelt« ausgesprochen. Danach dürfen dann auch die anderen Wirte ausschenken. In den darauffolgenden knapp drei Wochen fließen ca. 60 000 Hektoliter Bier in über sechs Millionen durstige Kehlen. Das heißt, im Schnitt 1 Liter pro Besucher des Oktoberfestes. Die Qualität ihres Bürgermeisters messen die Münchner daran, wie viel Schläge er fürs O'zapfen braucht. Christian Ude, der amtierende Chef der Stadt, braucht in der Regel zwei Schläge. Er trainiert wahrscheinlich den Rest des Jahres, denn es gab auch schon Bürgermeister, die neunzehn Schläge benötigten. Oktoberfeste wurden übrigens früher in Bayern fast überall gefeiert, aber schon im März – als eine Art Schlussverkauf, um das alte Bier vor der neuen Brausaison aufzubrauchen. Das Münchener Oktoberfest begann einst als Pferderennen zu Ehren des Königs – doch irgendwann schien man sich entschieden zu haben, die Pferde Pferde sein zu lassen und sich auf das Wesentliche zu konzentrieren – das Saufen!

➩ **P wie Polizei**
Ordnungshüter sind völlig zu Recht böse, wenn man nach dem Biergenuss noch Auto fährt. Anstatt herumzurechnen, wie viel man bis 0,5 Promille trinken kann, sollte man es einfach lassen. Während unsere Uniformierten im Dienst natürlich tapfer abstinent sind, ist es den Polizeibeamten in Frankreich gestattet, während der Schicht 250 ml Wein oder Bier zu konsumieren, wenn dazu eine Hauptmahlzeit verzehrt wird. Bon Appétit!

⇒ **Q wie Qual**
Wer abends oder nachts zu viel Bier trinkt, der weiß: Der Tag danach kann grausam sein. Eine Qual! Wenn der Kopf pocht, der Magen rebelliert und der Kreislauf noch irgendwo in der Kneipe liegt. Mittel gegen den Kater gibt es viele: Kopfschmerztabletten schlucken. Einen kalten Lappen auf die Stirn legen. Literweise Wasser trinken. Ein Katerfrühstück einschieben mit Rollmops und sauren Gurken. An die frische Luft gehen. Ein Konterbier zu sich nehmen und Schweißausbrüche bekommen. Doch letztlich hilft nur eines: einfach nicht so viel saufen!

KAPITEL SIEBEN

Am Morgen nach meinem Brauerei-Besuch wachte ich auf und musste niesen.

»Gesundheit!«, sagte Sina und streichelte mir über die Wange. Präventiver Trost, denn Sina kannte mich gut genug, um zu wissen, was nun kommen würde.

Ich bin ein wenig hypochondrisch veranlagt, und natürlich ächzte ich sofort: »Oje, Sina, ich hab mich bestimmt in der Brauerei erkältet. War ziemlich frisch da. Nicht dass ich glauben würde, dass Bier krank macht, aber …«

Sina beruhigte mich: »Ach was, wir müssen einfach mal wieder putzen. Du musstest bestimmt nur niesen, weil es bei uns gerade ein bisschen staubig ist.«

Aber so etwas brauchte man mir nicht zu erzählen.

Am Mittag schwoll meine Nase zu, und ich schniefte. Meine Sekretärin warf mir ein Paket Taschentücher auf den Tisch.

»Herrje, Herr Bujar, Sie klingen ja wie ein altes Walross«, sagte sie.

Aber ich fühlte mich eher wie eine Wühlmaus: ziemlich klein.

Meine Glieder schmerzten, und ich fand, ich gehörte in diesem Zustand nicht an den Schreibtisch. Ich ging zu meiner Chefin und verabschiedete mich in Richtung Intensivstation.

»Es ist nur noch eine Frage der Zeit, dann habe ich 40 Grad Fieber«, erklärte ich ihr, was bei meiner Chefin nur ein mildes Lächeln auslöste. Vermutlich dachte sie, was alle Frauen denken, wenn sie einen Mann erblicken, der behauptet, malade zu sein: Was für eine Memme. Denn wie sang Herbert Grönemeyer noch so schön?

Männer kaufen Frauen
Männer stehen ständig unter Strom
Männer baggern wie blöde
Männer lügen am Telefon
Oh, Männer sind allzeit bereit
Männer bestechen durch ihr Geld und ihre Lässigkeit

Doch dann hieß es in Grönemeyers Refrain: »Wann ist ein Mann ein Mann?« Und die Frage ließ sich ja ganz leicht beantworten: Nicht, wenn er krank ist. Dann vergisst der Mann sein Geld und seine Lässigkeit. Dann ist er ein Weichei. Und ich bin, was das betrifft, wie alle Männer.

Wobei ich zugeben muss, dass Sina einmal sagte: »Nein, Jens, du bist nicht wie alle. Du bist schlimmer.«

Und so lag ich am Nachmittag zu Hause im

Bett, ein Fieberthermometer im Mund, von dem ich glaubte, dass es jede Sekunde explodieren würde, weil meine Temperatur so hoch war. Ich hatte Sina mit zitternden Fingern eine SMS geschrieben: »Komm heim. Sofort. Notfall.«

Kurz darauf hörte ich, wie sie die Haustür aufschloss und rief: »Jeeeens, wo bist du? Was ist passiert?«

Ihr Gesicht war besorgt, als sie im Schlafzimmer erschien. Doch kaum, dass sie mich sah, entspannte sie sich.

»Ach, glaubst du wieder, du hast Fieber?«, fragte Sina und zog mir das Thermometer aus dem Mund. »37,2. Jens, das ist nicht mal erhöhte Temperatur.«

Aber da war ich anderer Meinung. Ich stöhnte wie Vito Corleone in »Der Pate«, als er auf der Straße angeschossen wurde.

Eigentlich wollte ich sagen: »Hilfe, Sina.« Doch ich bekam keinen Ton heraus: »Ehhhhahh …«

Und ausgerechnet in diesem Moment klingelte mein iPhone. Sina fragte: »Lass mich raten, kannst nicht rangehen, bist zu schwach?«

Sie schnappte sich mein Telefon und sah nach, wer anrief.

»Manfred Jung, dein Ernährungsberater«, sagte Sina und ging ran. »Hallo … nein, ich bin nicht die Sekretärin, ich bin die Freundin von Herrn Bujar …«

Sina stellte das Telefon laut, und ich vernahm die sonore Stimme meines Ernährungsberaters, der fragte: »Ist der Herr Bujar denn zu sprechen?«

»Leider nicht«, antwortete sie, »der Herr Bujar ist verhindert, der hat ein Schnüpfchen.«

Mein Ernährungsberater lachte, was ich ziemlich pietätlos fand, doch dann sagte er: »Na, dann trinkt der Herr Bujar heute zur Abwechslung sicher mal ein warmes Bier, nicht wahr?«

»Gute Idee«, meinte Sina. »Dann kann der Jens seine Diät weitermachen. Aber wie bereite ich ihm das zu? Ich hab gehört, dass warmes Bier als Hausmittelchen bei Erkältung empfohlen wird, das aber nie selbst ausprobiert. Wofür ist das gut?«

Und dann hielt Dr. Jung uns eine kleine wissenschaftliche Abhandlung.

»Nun«, sagte er, »150 Prozent bewiesen ist das alles nicht, aber sicher ist: Man schwitzt ordentlich, wenn man warmes Bier trinkt, und das ist ja gesund. Die Hopfenzapfen enthalten ätherische Öle und Bitterstoffe, die einen beruhigenden und schlaffördernden Effekt haben. Außerdem wirken die Bitterstoffe, die beim Brauen ins Bier übergehen, antibakteriell und bekämpfen Krankheitserreger, also auch die einer Erkältung. Zudem ist in Weizen Zink enthalten, ein Spurenelement, das unser Immunsystem stärkt und uns vor Erkältungen schützt. Und auch in der Bierhefe sind reichlich gesunde B-Vitamine zu finden«, so der Allwissende.

Leider konnte ich Dr. Jung nicht ganz folgen, denn inzwischen halluzinierte ich und glaubte, Robert Koch spreche zu mir, der Entdecker des Tuberkelbazillus. Außerdem war ich mir sicher, dass Pepe, der sich solidarisch neben mich gelegt hatte, plötzlich reden konnte und mich fragte, warum ich ihn mit meiner Tuberkulose angesteckt habe.

Sina ahnte, dass etwas mit mir nicht stimmte. Sie verabschiedete Dr. Jung und dankte für seinen Rat. Dann schaltete sie den Fernseher ein – wir haben da einen kleinen neben dem Bett – und zappte, bis sie bei »Kabel Eins« gelandet war.

»Jens«, sagte sie, »schau mal, da läuft gerade ›Unsere kleine Farm‹. Genau das Richtige für dich: heile Welt als Medizin, damit du schön wieder gesund wirst. Ich mache dir derweil dein Bierchen warm.«

Dann verschwand sie in die Küche und ließ mich mit der Glotze und Pepe allein. Ich dämmerte weg und bekam nicht mit, was die Familie Ingalls auf ihrer kleinen Farm so trieb. Stattdessen träumte ich, dass Sina in der Küche Bier erhitzte wie ein Junkie Heroin – auf einem Löffel. Ich erwachte, und mir wurde übel.

Ich sprang auf, Pepe auch, doch dann wurde mir schwindelig, und ich fiel wieder zurück aufs Bett. Pepe nicht, der lief auf Sina zu, die mit einem Glas dampfenden Bieres ins Schlafzimmer kam.

»Es ist angerichtet«, sagte sie und setzte sich zu mir auf die Bettkante.

Ich trank das warme Zeug und bemerkte, dass es ungewöhnlich süß schmeckte, kaum, dass das Bier eineinhalb Grad wärmer war, als es meiner Gewohnheit entsprach. Dafür trank ich es schneller als sonst, wie einen Glühwein, bei dem man ja immer fürchtete, er sei sofort wieder kalt und damit ungenießbar.

»Ehhhhahh …«, stöhnte ich, als mein Glas leer war – und schlief binnen einer Sekunde ein.

Ich würde hier gern berichten, wie das warme Bier wirkte – allein: Ich bekam davon nichts mit.

Sina berichtete mir am nächsten Morgen, dass ich geschwitzt hätte wie ein Schwein. »Ich musste um Mitternacht sogar die Bettwäsche auswringen!«, sagte sie gespielt vorwurfsvoll.

Dann erzählte sie, dass sie mir noch stundenlang vorgelesen habe, wofür Bier im Hausmittelbereich sonst noch gut sei: »Ich hab mir die Finger wund gegoogelt, aber da warst du leider schon im Voll-Delirium.«

Inzwischen war ich wacher und fühlte mich deutlich besser, was vielleicht am warmen Bier lag, vielleicht aber auch nur daran, dass ich nach der ausgeruhten Nacht so langsam realisierte, gar nicht sterbenskrank zu sein. Ich schnupfte, aber viel mehr war es dann doch nicht. Aber das hätte ich natürlich auf keinen Fall vor Sina zugegeben. Lieber bat ich sie, mir ihr Bier-Naturmittel-Wissen noch einmal vorzutragen.

»Echt, Jens?«, fragte sie. »Das ist ganz schön viel!«

»Echt, Sina!«, sagte ich. »Ich höre dir zu, egal, wie viel du mir zu berichten hast.«

Aber dann legte sie los, und was sie mir erzählte, ließ mich von einer baldigen Rückkehr ins Büro träumen. Denn es ging vor allem ums Putzen – und weil ich ja nun der Bier-Experte war, signalisierte Sina mir, dass der Bier-Hausmittel-Gebrauch super von mir erledigt werden könne.

»Wusstest du, dass du Fettflecken in Eichenmöbeln total gut mit warmem Bier auswaschen und nach dem Trocknen mit einem sauberen Leinenlappen blank polieren kannst? Oder dass du Ameisen fangen kannst, indem du ihnen gezuckertes, schales Bier in einem Teller hinstellst und die Tierchen darin verenden lässt? Weißt du, von welchen ich spreche? Von diesen winzigen Dingern, die in unserem Keller so nerven! Und du kannst auch Schnecken und Käfer mit Bier fangen, mein Lieber, indem du ein Gefäß, das mit Bier und Zucker gefüllt ist, eingräbst. Da stehen die Biester voll drauf! Kriechen rein und gehen ein.«

Puh. Ich versprach, mich beizeiten um unseren Keller zu kümmern. »Wenn ich eines Tages wieder gesund bin.«

Dann entfleuchte ich in Richtung Badezimmer. Zu meiner Freundin Bettina. Und was soll ich sagen? Ich war seit gut zwei Monaten auf Bier-Diät, als ich mich auf meine Waage stellte, um sodann zu Boden zu fallen und sie zu küssen: Bettina zeigte an, dass ich 3 Kilo abgenommen (oder ausgeschwitzt) hatte. Das törnte mich dermaßen an, dass ich beschloss: Ich war wieder gesund und hatte eine kleine Belohnung verdient. Ich entschied mich gegen einen Schokoriegel und für eine neue Hose.

Zwei Tage später – ich war wieder im Dienst – ging ich in der Mittagspause in meine bevorzugte Boutique in Köln-Mitte, einen Popper-Laden mit Verkäuferinnen, die wasserstoffweiße Haare tragen wie Lady Gaga, mit offenen Mündern Kaugummi kauen und gucken wie früher die Blondinen auf den Beifahrersitzen der Manta-Fahrer – mit einem Blick, der besagt: IQ im unteren Drehzahl-Bereich.

Ich steuerte hoch erhobenen Hauptes die Abteilung mit meiner Lieblingsjeans an, einem ähnlichen Modell, wie Bruce Springsteen es auf dem Cover von »Born in the USA« trägt, wo man seinen Hintern vor einer amerikanischen Flagge sieht. Diese Jeans schien wie für ihn gemacht und war offenbar auch »Born in the USA«, wie man an ihrem kleinen, roten Schildchen unschwer erkennen konnte. Genauso wie meine Lieblingsjeans, die mich daran erinnerte, was ich schon immer am großen Bruce Springsteen bewundert habe: Sie war angenehm normal und bodenständig.

Ich ließ meine alte Größe 34 verächtlich links liegen und griff eine Nummer kleiner. Doch die 33er-

Jeans tat es nicht, wie ich wenig später atemlos bei der Anprobe bemerkte. Heute war der 1. April, und ich hoffte, das alles sei nur ein Scherz, aber die Jeans kniff dermaßen am Bund, dass ich furchtbar die Luft anhalten musste. Mit der Hose acht Stunden im Büro zu sitzen, erschien mir wie der sichere Tod.

Mühsam schälte ich mich aus dem Teil wieder heraus. Dabei machte ich offenbar besorgniserregende Geräusche. Jedenfalls hörte ich, wie vor der Kabine eine Wasserstoffblondine zur anderen sagte: »Hömma, wat keucht denn da so?«

Und die andere antwortete: »Lass mal 'n Arzt rufen.«

»Nein!«, rief ich erschrocken und sah zu, dass ich so schnell wie möglich aus dem Laden wieder rauskam.

Ich verstand die Diät-Welt nicht mehr. Hatte Bettina mich belogen? Oder hatte ich tatsächlich nur an der Nase abgenommen? 3 Kilo machten scheinbar nicht ganz so viel aus, wie ich dachte.

Von: Jens Bujar
Datum: Freitag, 01. April 2011, 16:12 Uhr
An: Ulrike von Bülow
Betreff: Leider kein Aprilscherz

Och Manno, da hab ich mich so gefreut: 3 Kilo abgenommen! Wollte mir zur Feier des Tages eine neue

Hose gönnen – aber glaub mal nicht, dass 'ne Nummer kleiner passt. Trage immer noch eine 34.

Schluchzend:
Jens

Von: Ulrike von Bülow
Datum: Freitag, 01. April 2011, 16:53 Uhr
An: Jens Bujar
Betreff: RE: Leider kein Aprilscherz

Aber 3 Kilo weniger sind doch ein Knaller. Kein Grund zum Heulen!

Sonst frag Sina, ob sie dir ein paar neue Schildchen in die Klamotten näht. Hab mal gehört, dass sie hier in den USA die Kleidergrößen um eine Stufe runtergesetzt haben: Aus M wurde S, aus S wurde XS, damit die Leute sich besser und schlanker fühlten. Weiß nicht mehr genau, wer sich das überlegt hat, die Mode- oder die Fast-Food-Industrie. Diese Schlingel!
Aber sonst belohne dich doch mit etwas anderem Schönen. Geh in einen Spa-Tempel mit Massage und Sauna und Tralala – da verlierst du bestimmt ein paar Gramm beim Schwitzen! Und kannst entspannt ein bisschen abhängen und deine Diät-Seele baumeln lassen ☺

Schlanke Grüße, u.

Das nenne ich mal eine typische Frauen-Ansage. Ich kenne jedenfalls keinen Mann – zumindest keinen heterosexuellen –, der mir zu so etwas raten würde. Sauna und Massage. Fehlte nur noch Kosmetik.

Aber Frauen sind da anders. Sina ging ständig mit ihren Freundinnen in ein Spa, wo die Damen sich »einfach mal verwöhnen« ließen, wie sie sagte. »Das, was ihr Jungs einfach nicht draufhabt«, sagte Sina dann und grinste.

Ich wusste nie genau, ob sie meinte, dass wir es nicht draufhätten, *Frauen* zu verwöhnen – oder uns *selbst* verwöhnen zu lassen. Vielleicht hörte ich auch nicht richtig hin, aber Ulrike hatte etwas erwähnt, das mich die Abnehm-Ohren spitzen ließ. Die Worte »da verlierst du bestimmt ein paar Gramm« klangen für mich sehr sexy. Erst recht nach dem Hosen-Erlebnis.

Also schaute ich zu Hause an unserem ferrariroten Kühlschrank nach, an den Sina mit einem der vielen Magneten auch die Visitenkarte des »Beauty Spa« ihres Vertrauens gepappt hatte. Ich erwischte mich, wie ich auf dessen Website ging und nach einem kleinen Rundum-Wohlfühl-Paket für Sina und mich Ausschau hielt. Mit Schwitzen, Kneten und Liebgehabtwerden.

Als ich die Preise sah, klappte meine Kinnlade für einen Moment hinunter, um nicht zu sagen: Sie rammte sich in den Küchenboden. Aber bitte, was tat ich nicht alles, um meine Wette zu gewinnen? Ich musste abnehmen, egal wie und wo. Und dann entdeckte ich etwas, bei dem ich dachte: Was immer es kostet, das will ich. Eine Ganzkörpermassage namens »Schokoladenseite«, bei der warme Kakaobutter die Haut verwöhnen sollte. Super, dachte ich, wenn ich so etwas schon nicht essen kann, dann lass ich mich wenigstens damit einschmieren.

Ich rief im »Beauty Spa« an. Beim dritten Klingeln meldete sich ein Typ, dessen Stimme noch weicher klang als jede Kakaobutter.

»Wann soll's denn losgehen, guter Mann?«, hörte ich ihn fragen.

»Am besten gleich morgen«, sagte ich.

Morgen war nämlich Samstag, und Sina und ich hatten ausnahmsweise noch nichts vor. Also buchte ich für den Samstagmittag zwei Massagen: einmal »Schokoladenseite« (80 Minuten für unfassbare 99 Euro) für mich und einmal »Relax« (80 Minuten für auch nicht fassbare 79 Euro) für Sina, denn meine Freundin stand nicht so auf Süßes. Die muss als Kind mal in einen Bottich mit Salz gefallen sein: Sina aß einfach nicht gern Schokolade. Und mochte auch keine Cola. Die Glückliche!

Sina lachte sich kaputt, als ich ihr erzählte, was ich für uns geplant hatte.

»Das wird ein Spaß mit dir in der Wellness-Abteilung! Kann ich mir gar nicht vorstellen. Ich hab da noch nie einen Mann gesehen«, sagte sie.

Dann wurde es ja mal Zeit, dachte ich.

Ich war den Rest des Tages ziemlich aufgeregt, wegen der köstlichen Massage: Es war, als würde ich nach Monaten der Trennung meiner heimlichen Geliebten wiederbegegnen. Der Schokolade! Ich tippte eine E-Mail in mein iPhone.

Von: Jens Bujar
Datum: Freitag, 01. April 2011, 21:08 Uhr
An: Ulrike von Bülow
Betreff: Geiler Tipp

Hallöchen und danke für deinen Massage-Wohlfühl-Belohnungshinweis! Morgen führe ich Sina aus – in ihr Lieblingsspa. Und dann wird meine Schokoladenseite mit Kakaobutter massiert. Ich fürchte, ich falle in Ohnmacht, wenn ich das rieche!
Sabbernd: Jens

Von: Ulrike von Bülow
Datum: Freitag, 01. April 2011, 21:57 Uhr
An: Jens Bujar
Betreff: RE: Geiler Tipp

Haha, ich lache mich tot, du im Spa. Muss gleich mal Sina mailen, dass sie bitte ein Foto von dir machen und mir schicken soll – sonst glaub ich's nicht.
Viel Spaß!
Und nicht naschen, gell?

Süße Grüße,
u.

PS: Guck beim Schwitzen ein bisschen nackte Leute für mich mit – das vermisse ich! Die prüden Amis hier gehen in Bikini und Badehose in die Sauna. Absurd. Wenn ich angezogene Leute sehen will, geh ich auf die Straße!

Am nächsten Mittag fiel ich tatsächlich beinahe in Ohnmacht. Aber nicht wegen des Schokoladengeruchs, sondern wegen des Anblickes, der sich mir im »Beauty Spa« darbot.

Der Laden war eigentlich ganz hübsch, ein bisschen auf Zen-Tempel gemacht, mit beigefarbenen Wänden und einem Interieur, das durch und durch in dunklen Brauntönen gehalten war. Es gab einen großen Ruheraum mit Rollos an den Fenstern, die aussahen, als seien sie aus Pergamentpapier. Überall standen dunkelbraune Holzliegen mit hellen Auflagen. Daneben kleine Tischchen, die mit Bonsaibäumchen und anthrazitgrauen Steinen geschmückt waren. Bestimmt konnte man die anfassen, und dann passierte etwas mit einem. So dass man Kraft bekam oder so. Ommmmm!

Leise erfüllte Musik den Raum, die sehr meditativ geklungen hätte, wenn da nicht eine zwölfköpfige Gruppe von Frauen gewesen wäre, die sich lauthals über die Liegen hinweg unterhielten.

Sie hatten ungefähr die gleichen Ausmaße wie die Damen, die Al Bundy in »Eine schrecklich nette Familie« schlicht »fett« nannte, wenn sie in seinen Schuhladen kamen; runde Wesen, denen er dann zarte Pumps über die dicken Füße ziehen sollte.

Ich habe Al Bundy sehr verehrt und keine Folge der Serie verpasst. Und nun malte ich mir aus, wie der gute Al wohl reagieren würde, wenn er in den schrecklich netten Ruheraum hier hereingekommen wäre und die Damen mit ihren beigefarbenen Handtüchern gesehen hätte. Ich konnte mir gut vorstellen, wie Al sein Gesicht verzog, zu dieser »Ich ekel mich«-Schnute, und dann seine Gattin Peggy anschaute, die mit den hochtoupierten roten Haaren, und sprach: »Peg, neben den Walrössern hier siehst du gar nicht übel aus.«

Ich griff nach Sinas Hand. Sie stand neben mir, genauso wie ich inzwischen in einem beigefarbenen Bademantel, und verzog angesichts der Szene, die sich uns bot, das Gesicht.

»Mist«, sagte sie, ganz Stammkundin, »die Tanten kenne ich. Die kommen aus Porz, sind alle im gleichen Kegelklub und verschwitzen hier immer ihre Vereinskasse.«

Auweia, dachte ich, dann brauche ich ja gar nicht erst in die Sauna zu gehen, wenn man da so schlank wird wie die.

Ich schnappte ein paar Wortfetzen auf. Die Damen sprachen Kölsch, es ging um einen »Wolfjang«

und »en jung, storkig Deil«, ein junges, dünnes Ding: Offenbar war eine der Frauen betrogen worden, die sich nun ein Tränchen aus den Augen wischte – oder war es Schweiß? Dann wurde rasch das Thema gewechselt, und es schien allen Ernstes ums Abnehmen zu gehen. Ich hörte etwas von »Liselotte« und »Diät«, und dann schnatterte besagte Liselotte auch gleich los, sie habe schon »ordentlich wat avjenomme«.

Aber wo?, fragte ich mich. Für einen Moment kam der Al Bundy in mir durch.

»Was die wohl für eine Diät macht?«, flüsterte ich Sina ins Ohr. »Die Frittierdiät? FdD – Friss das Dreifache?«

Sina kicherte.

»Die hat bestimmt mit einer Freundin in New York gewettet, dass sie kein Bier trinkt und in einem halben Jahr 200 Kilo zunimmt«, sagte sie.

Und nun kicherte ich.

»Genau«, meinte ich, »das schafft die locker. Und während ich demnächst das Astra zu Ulrike nach New York verschiffe, kommen Nachos mit Käsesauce zu der Tante hier nach Köln geflogen. Zehn Tonnen von Fett Are Us.«

Ich wäre am liebsten gleich wieder gegangen. Aber Sina, die offenbar meine Gedanken lesen konnte, lächelte mich an und sagte: »Komm, Jens, jetzt bist du schon mal hier, jetzt ziehen wir das auch durch.«

Ich war tatsächlich der einzige Mann in dem ganzen Laden, nicht mal der Typ mit der süßen Stimme war da, bei dem ich uns hier eingebucht hatte. Wahrscheinlich geflüchtet vor dem Kegelklub, dachte ich, aber dann beschloss ich, auf meine kluge Freundin zu hören und es mir nett zu machen. Sina und ich gingen in die Sauna, schwitzten zehn Minuten und machten blöde Witze über Kegelklubs, die auf keine Kegelbahn passten, schämten uns dafür, hüpften unter die Dusche und schließlich ins Kältebecken, das so eisig war, dass ich glaubte, fühlen zu können, wie ich vor Schreck 13 Gramm abnahm.

Wir legten uns in den Ruheraum, blätterten in irgendwelchen bunten Klatschheftchen, die da herumlagen und in denen mir Menschen begegneten, deren Existenz ich total verdrängt hatte (Uschi Glas, Roberto Blanco). Wir ignorierten das Geschehen, also die Damen um uns herum, und genehmigten uns dann noch einen weiteren Saunagang.

Und danach war es dann endlich so weit: »Herr Bujar?«, sprach mich eine junge Frau mit einem herrlich osteuropäischen Akzent an.

Sie war meine Masseuse und rollte das R so stark, dass es eine Freude war.

Ich grinste Sina an: »Der Schoko-Jens verschwindet mal!«, sagte ich. »Viel Spaß bei deiner Massage.« Denn auch Sina musste jede Sekunde abgeholt werden.

Ich ließ mich in einen separaten Raum führen, in dem das Geschnatter der Keglerinnen glücklicherweise nicht mehr zu hören war.

»Sie können ruhig Jens zu mir sagen«, meinte ich, das ratterte nicht so wie Herrrrr Bujarrrrr.

Die junge Frau stellte sich als Irina aus der Ukraine vor, die seit zehn Jahren in Köln verheiratet war. Sie hatte schulterlanges braunes Haar und trug eine Uniform wie eine Arzthelferin, aber in Spa-Beige. In der Mitte des Raumes stand die Massagebank, mit einem beigefarbenen Laken und einem beigefarbenen Kissen.

»Bitte hinlegen«, forderte Irina mich auf und riet mir, die Augen zu schließen.

Ich war aber total heiß auf die Schokoladensauce, mit der ich massiert werden sollte, also guckte ich ihr noch ein bisschen bei der Arbeit zu. Irina beugte sich über ein Tischchen mit einer Wärmeplatte, auf der ein Topf stand. Sie rührte im Topf herum, und langsam zog der Duft von Kakao in meine Nase. Zum ersten Mal in meinem Leben war ich froh, dass meine Nase schön groß ist: Ich inhalierte den Geruch, so tief ich nur konnte. Ich sog, zog, machte »Hmmm!« – und musste dabei ziemlich grenzdebil ausgesehen haben. Jedenfalls fragte Irina etwas besorrrrrgt, ob mit mir alles okay sei.

Ich erzählte ihr von meiner Diät, dass ich seit Wochen meine Nase aus süßen Sachen heraushielt und Schokolade Gift für mich sei, wenn ich sie essen würde – und ich es deshalb kaum abwarten könne, endlich damit eingerieben zu werden.

Irina lachte, und dann plauderten wir ein bisschen über das Abnehmen, während sie langsam – und erst mal noch ohne die Schoki – begann, meinen Rücken zu kneten und mich ein wenig abzuklopfen.

Dabei riet sie mir, etwas zu essen, das ich bisher nicht auf dem Diät-Schirm hatte: Tofu. »Ist besser als Fleisch. Fleisch macht nur müde. Träge«, sagte Irina und hatte eine Erklärung parat, die sehr plausibel klang. »Sieh dich mal in der Tierwelt um. Alle Tiere, die Fleisch fressen, schlafen fast den ganzen Tag.«

Stimmt, mir kam der Löwe in den Sinn, der bestimmt zwanzig Stunden am Tag pennt.

»Fleisch zu essen führt dazu, dass du Energie verbrauchst. Weil Fleisch schwieriger zu verdauen ist als Tofu oder Fisch«, sprach Irina.

Da hatte ich mal wieder etwas gelernt, das ich bei Google genauer erforschen wollte. Später. Denn nun tunkte Irina ihre Hand in die Kakaobutter und begann, mich langsam damit einzureiben. Erst den Rücken, den sie sanft bearbeitete. Dann verteilte sie die warme Sauce auf meinen Armen. Ich war wie betäubt von dem Geruch. Und dann dieses warme Gefühl!

Ich lag da und dachte: Schokoladenweihnachtsmann müsste man sein, dann fühlt man sich bestimmt immer so. Jedenfalls wenn die Folie runter ist. Für einen kleinen Moment fürchtete ich, die Keglerinnen könnten mich bis nach draußen riechen, hereinkommen und mich aufessen wollen, aber dann dämmerte ich weg. Selig eingelullt vom Duft des Verbotenen.

Ich bekam erst wieder etwas mit, als Irina mich sanft anstupste und sagte: »Herrrrr Bujarrrrr, Sie können jetzt langsam aufwachen. Wir sind ferrrrtig. Stehen Sie ganz in Rrrruhe auf, ich sehe Sie gleich drrrraußen.«

Ich taumelte, als ich wieder auf den Beinen war. Völlig besoffen vom Kakao.

—

Zwei Stunden später saßen Sina und ich in einem vegetarischen Restaurant bei uns um die Ecke, das ich bis dahin gepflegt ignoriert hatte. Es erinnerte mich an eine Kita für Erwachsene: Die Wände waren apfelgrün, die Stühle sonnengelb, die Tische herzrot. Vielleicht brauchte so ein Laden Farbe, weil das Essen so fad war?

Ich wollte es ausprobieren. Wir saßen in einer Nische am Fenster. Sina schwärmte von ihrer Massage, die »total tiefenentspannend« gewesen sei, und ich schnupperte an meinen Armen, die immer noch nach Schokolade rochen. »Ich werde mich nie wieder waschen«, sagte ich. »Eben unter der Dusche hab ich extra keine Seife benutzt, weil ich nicht will, dass das weggeht.«

Sina versprach, mir auch mal Schokosauce über den Rücken zu »kippen«, wie sie es nannte. »Aber warum sitzen wir hier in diesem komischen Restaurant?«, fragte sie dann. »Ich könnte jetzt eigentlich ein Stück Fleisch vertragen.«

Ich erklärte ihr, was Irina mir erzählt hatte, und bestellte uns ein Thai-Curry mit Tofu.

Dann steckten wir unsere Köpfe über meinem iPhone zusammen. Ich googelte das Thema »wache Tiere, müde Tiere«. Fand beim WDR etwas über einen Tierfilm, in dem erklärt wurde, dass die Giraffe, die Gazelle oder der Elefant – alles keine Fleischfresser – pro Tag nur zwei bis sechs Stunden schliefen.

»Die trinken ja auch kein Bier«, murmelte ich.

Sina lachte.

»Hier, guck, der Löwe: schläft achtzehn Stunden. Fauler Hund«, sagte ich.

»Wie die Schweizer, die kommen mir auch immer vor, als seien sie dauerverpennt, langsam, wie die sind. Meinst du, die stammen vom Löwen ab und nicht vom Affen?«, fragte Sina. »Das würde ja einiges erklären.«

Dann überlegte sie, was der Löwe wohl in den restlichen sechs Stunden des Tages machte: »Stell dir mal vor, du hast jeden Tag nur sechs Stunden zur Verfügung. Wann wärst du wach?«

»Samstags zur Sportschau«, sagte ich. »Während der Woche im Büro immer um die Mittagspause herum – oder hätte ich gar keine Mittagspause, wenn ich nur sechs Stunden am Tag arbeiten könnte?«

Das war wirklich nicht viel Zeit.

»In sechs Stunden kommt man ja nicht mal zu Ulrike«, sagte Sina. »Ein Löwe könnte nicht von Europa nach New York fliegen, weil er nicht lange genug wach ist.«

Wir lachten, doch dann kam das Thai-Curry. Und wir lachten nicht mehr. Das Curry an sich war nicht verkehrt. Aber der Tofu? Ein weißes Nichts. Geschmacklos. Dann kann ich auch ganz verzichten. Fand Sina auch. Wir hakten Tofu ab. Und nahmen uns vor, öfter mal ein Stück Fisch zu bestellen.

—

Auf den Wohlfühl-Ausflug mit meiner Freundin folgte das Verwöhn-Programm für Männer: Am Mittwoch war Fußball gucken angesagt, Viertelfinale der Champions League, Inter Mailand gegen Schalke 04. Unter Diät-Gesichtspunkten eine große Herausforderung, doch ich war gut vorbereitet.

Wir trafen uns bei meinem Kumpel Christoph, einem braungelockten Werber mit windschnittiger Brille. In seinem Wohnzimmer steht so ein Potenz-Plasmabildschirm, auf dem elf Freunde Platz zum Kicken hätten, würde man ihn quer legen und mit Rasen bepflanzen. Christophs Gattin nennt das Ding »einen Scheidungsgrund« und verlässt stets das Haus, wenn wir zum Fußballabend anrücken. Meistens sind wir so fünf, sechs Jungs, und um Christophs Ehe nicht noch weiter zu belasten, bringt jeder von uns etwas zu essen mit. Als Hauptspeise natürlich Bier, dazu die üblichen Nahrungsergänzungsmittelchen aus der Reihe »Was zum Knabbern«.

An diesem Abend aber war etwas anders.

Mir kam es so vor, als wären wir nicht bei Christoph in Köln-Porz aufgelaufen, sondern im RheinEnergie-Stadion, *formerly known as* Müngersdorfer Stadion, wo uns der Stadionsprecher wie folgt ankündigte: »Mit der Nummer eins: Guidoooo! Er bringt mit: Tortilla-Chips mit Käsesauceeeee!«

Jubel.

»Mit der Nummer zwei: Paul und seine eingeschweißten Buletten von der Tankstelle!«

Riesenjubel.

»Mit der Nummer drei – Alex und die extrascharfen Barbecue-Chips. Und mit der Nummer vier: Peter mit seinen Erdnussflips!«

Gigantischer Jubel.

»Und nun die Nummer fünf: Jens und seine ... seine ...« – ich holte eine Tüte mit vorgeschnittenen Gurkensticks heraus.

Und plötzlich war Stille. Keine Energie mehr im Kölner Rheinstadion. Es bestand Fluchtgefahr. Ich guckte in Gesichter, auf denen sich Fragezeichen breitgemacht hatten.

Christoph war der Erste, der sich aus seiner Schreckstarre befreite. Er rannte in sein Arbeitszimmer, wo ich ihn rascheln und etwas zerschneiden hörte; einen grünen Schnellhefter aus Pappe, wie ich eine Minute später bemerkte, als Christoph zurückkam und sich vor mir aufbaute wie ein Schiedsrichter vor einem Spieler, der soeben gerufen hat: »Schiri, du Blindfisch!«

Christoph hatte aus dem Papphefter ein Quadrat zurechtgeschnitten, das er nun aus seiner rechten Gesäßtasche holte und mir vor die Nase hielt.

»Herr Bujar«, sprach er, »ich zeige Ihnen hiermit die grüne Karte und verweise Sie des Wohnzimmers. Wegen Öko-Idiotie.«

Ich wurde rot.

»Für wie viele Spiele du gesperrt wirst«, rief Paul, »das wird noch am grünen Tisch entschieden!«

Großes Gelächter.

Dann begann Alex zu singen: »Du kannst in Garten geh'n, du kannst in Garten geh'n ...«

Und dann sang die ganze Runde. Die Herren schossen sich dermaßen auf mich ein, dass sie nicht mitbekamen, wie in der ersten Minute das 1:0 fiel und die Mailänder jubelten, während die Schalker ziemlich mager guckten. Ich machte mir ein Weizenbier auf, das ganz fabelhaft mit meinen Gurkensticks harmonierte. Chips und Flips ließen sich leicht vermeiden, wenn sie von solchen Vollidioten mitgebracht wurden. Anstatt das Spiel zu verfolgen, beobachtete ich für eine Weile die Runde.

Da war Guido, ein Bank-Manager und Oberschlaumeier, der auf den Bildschirm starrte und natürlich alles durchschaute, was in Mailand niemand erkannte.

»Ey, ihr Pfeifen, das war Abseits«, brüllte er, eine der fiesen Tankstellen-Buletten in der Hand, von denen man zwei Tage lang aufstoßen muss und die er mit Senf bestrichen hatte.

Er biss hinein, ohne den Blick vom Fernseher zu lösen, und kaute mit offenem Mund. Appetitlich war etwas anderes, aber das Feine an diesen Männerrunden ist ja eigentlich, dass man sich so schön gehenlassen kann. Doch da machte ich jetzt erst mal nicht mehr mit.

Ich schnappte mir noch einen Gurkenstick und nahm Paul ins Visier, einen Kinderarzt mit rundlicher Figur und roten Haaren, der nach seiner Bierflasche griff, die noch dreiviertelvoll war. Paul trank sie in einem Zug leer, stöhnte selig – und dann rülpste er dermaßen laut, dass ich fürchtete, man könnte es bis nach Mailand hören.

Doch Alex neben ihm schien das Geräusch nicht wahrzunehmen: Er verzog keine Miene. Alex, ein Ingenieur mit Halbglatze und Vollbart, in dem sich Chipskrümel angesammelt hatten, sah kurz zu mir herüber. »Sag mal, Jens«, fragte er, »jetzt, wo du dich nur noch von Häschen-Futter ernährst: Hat Sina zu Hause schon einen Käfig für dich aufgestellt?«

Mit einem Schlag lösten sich ein paar Augenpaare vom Fernseher, die Herren guckten zu mir – und dann lachten sie und feixten und schlugen sich vor Freude mit den Händen auf die Schenkel.

Ich fragte mich, ob ich Sina jemals zu einer unserer Fußballrunden mitgenommen hatte – in den Augen einer Frau müssen wir an diesen Abenden einen absurden, wenn nicht gar traurigen Anblick bieten. In der Halbzeitpause tippte ich eine schnelle E-Mail.

Von: Jens Bujar
Datum: Dienstag, 05. April 2011, 21:41 Uhr
An: Ulrike von Bülow
Betreff: Primaten

Sag mal, du warst doch in Hamburg immer mit Markus und den Jungs beim FC St. Pauli – ist dir mal aufgefallen, dass Männer sich beim Fußball wie die letzten Primaten benehmen? Gucke gerade bei Guido Inter gegen Schalke, und ich stelle fest: Im Rülpsen sind wir Champions League!

---

45 Minuten und 450 dumme Sprüche später lautete das Ergebnis 2:5 – Schalke hatte gewonnen. Und meine Kumpels klatschten einander überschwänglich ab. Nur bei mir mochten sie nicht so richtig einschlagen, dem »Diätdoofkopp«, wie ich in unserem Kreis nun hieß.

»Ey, Diätdoofkopp«, rief Christoph, »wie

schmeckt so ein Sieg ohne Kalorien – nur halb so gut?«

Nein, doppelt so lecker, doch was ging ihn das an? Ich schwieg und erstellte zur Feier des Tages lieber eine Liste meiner Lieblingsersatzstoffe für gefährliche Biersnacks.

Jens' Lieblingsersatzstoffe für gefährliche Bier-Snacks

1. Gurkensticks – nicht weniger knabbergeeignet als Erdnussflips

2. Karöttchen – mit Sesam bestreut essen die sich wie dicke Salzstangen

3. Weintrauben – erinnern der Farbe und Form nach an Oliven, sind aber nicht halb so fett

4. Edamame – die Nullkalorien-Böhnchen lassen sich genauso gut einwerfen wie Erdnüsse

5. Joghurt-Dip – ersetzt jede Salsa oder Avocadocreme, in die Diätfeinde gern ihre Chips tunken

6. Salziges Popcorn – nicht ganz kalorienfrei, aber doch Lichtjahre leichter als Chips

7. Wer auf Chips nicht verzichten kann: selber machen – ohne Fett in der Mikrowelle

8. Pistazien – haben ordentlich Kalorien, aber weil man jede einzeln herauspulen muss, kann man davon keine Handvoll in den Mund werfen. Und das Gepule nervt, so dass man schnell von den Dingern ablässt.

9. Salzstangen – wenn es klassisches Knabberzeug sein muss, dann die. Da liegt man pro Stück im einstelligen Bereich: Eine Salzstange hat 5 Kalorien und 0 Prozent Fett.

10. Auf einem Zahnstocher herumbeißen – der hat garantiert null Kalorien!

In der Zwischenzeit bekam ich Antwort aus New York. Dort hatte jemand Kopfschmerzen.

Von: Ulrike von Bülow
Datum: Dienstag, 05. April 2011, 23:28 Uhr
An: Jens Bujar
Betreff: RE: Primaten

Klar ist mir das aufgefallen. Darum gucke ich ja so gern mit euch Fußball: Es ist ein großer Spaß, euch dabei zu beobachten. Das ist wie in den Männerzoo gehen. Ohne Zaun ☺

Wollte dir auch schon schreiben, bin aber ein bisschen langsam heute. Hab gestern schlimm getrunken. Bier, viel zu viel Bier. Ich weiß nicht mehr, wie ich nach Hause gekommen bin, aber ich weiß noch, wo ich war – im »St. Jerome's«, einer dunklen Bar auf der Lower East Side, die nicht viel größer ist als ein U-Bahn-Waggon.

Musste an dich denken, denn die Bar wird gemanagt von Lüc Carl, dem Boyfriend oder Nicht-Boyfriend von Lady Gaga; mal heißt es, die seien zusammen, dann wieder nicht. Fragt man besser nicht nach: Hinter dem Tresen hängt ein schwarzes Telefon an der Wand, darauf ein weißer Aufkleber mit den Worten: »I've never heard of Lüc Carl and Lady Gaga«.

Ist aber auch egal, viel interessanter ist, dass der Typ deine Bier-Diät nachmacht – nur dass der die eher mit Whiskey gestaltet!

Mr. Gaga sieht aus wie eine Kreuzung aus Iron Maiden und Bon Jovi, sehr 80er-mäßig, und der muss mal ziemlich rund gewesen sein. Jetzt hat er aber nur noch ein leichtes Doppelkinn, denn Lucky Lüc hat 18 Kilo abgenommen (behauptet er) und trotzdem getrunken. Er hat einen Blog, der heißt »The Drunk Diet«, in dem er darüber berichtet, dass er weniger und bewusster isst, und da rät er so Zeugs wie: »Bevor du dir einen Topf Spa-

ghetti kochst und dazu ein Glas Marinara aufmachst, die es nicht wert ist, gegessen zu werden, bereite dir lieber einen Salat zu und spare dir die Kalorien.« Er investiert stattdessen in Whiskey, seinen Lieblingsdrink.
Außerdem hat der gute Lüc den Sport entdeckt, der fährt jetzt irre viel Rennrad. Vielleicht tauschst du mal dein olles Hollandrad aus? Und dann erklärst du mir mal bitte, wer eigentlich dieses verdammte Zeug erfunden hat, das mir gerade so Kopfschmerzen bereitet.

Braindead:
u.

Von: Jens Bujar
Datum: Mittwoch, 06. April 2011, 00:02 Uhr
An: Ulrike von Bülow
Betreff: RE: RE: Primaten

Na, mit Whiskey braucht der Typ aber bestimmt drei Jahre, bis der 3 Gramm abgenommen hat. Ich weiß schon, warum ich Bier trinke: Das ist der Schlankmacher unter den alkoholischen Getränken. Bier hat auf 100 Gramm nur 42 Kalorien. Anders als Whiskey, der hat auf 100 Gramm fast 220 Kalorien.
Mit wem warst du denn unterwegs, dass das so ein böses Ende genommen hat?

Halt durch,
Jens

Von: Ulrike von Bülow
Datum: Mittwoch, 06. April 2011, 00:12 Uhr
An: Jens Bujar
Betreff: RE: RE: RE: Primaten

Mit einem irren Ami, den mir eine Freundin vorgestellt hat: Der hat eine Weile in Deutschland gelebt (da hat ihn ein Job bei der Army hingebracht, wie Elvis: Der war in Heidelberg stationiert!) und wollte gern ein bisschen Deutsch sprechen. Und dann hat er mir erzählt, ich zitiere, »dass isch fand das säähr sexy, dass deutsches Frauen trinken Bier«. Haha, dachte ich, eine meiner leichtesten Übungen! Konnte dann nur irgendwann kein Deutsch mehr und auch kein Englisch. Konnte am Ende gar nicht mehr sprechen.

Von: Jens Bujar
Datum: Mittwoch, 06. April 2011, 00:52 Uhr
An: Ulrike von Bülow
Betreff: RE: RE: RE: RE: Primaten

Manno, wollte längst schlafen, aber jetzt hast du mich zum Googeln gebracht. Wenn dich eine kleine, geschichtliche Abhandlung nicht allzu sehr schafft, hier für dich in German: Die Iraner sind schuld, dass du solche Kopfschmerzen hast, die haben das Bier erfunden, jedenfalls kommen die frühesten Nachweise für Bier aus der mesopotamischen Ecke, wo Bierreste aus der Zeit

3500 bis 2900 vor Christus gefunden worden sind. Irre! Die alten Ägypter haben damals aber auch schon ziemlich Gas gegeben, was das Brauen angeht: Die ließen halbfertig gebackenes Brot vergären, und daraus wurde so 'ne Art Bier. Prohoooooost!

Von: Ulrike von Bülow
Datum: Mittwoch, 06. April 2011, 01:02 Uhr
An: Jens Bujar
Betreff: RE: RE: RE: RE: RE: Primaten

Das erklärt ja einiges. Dann waren die Ägypter bestimmt besoffen, als sie diesen komischen Gang erfunden haben, den die Bangles in »Walk Like An Egyptian« besingen …

Jens' Lieblingsliste: Der Kaloriengehalt von alkoholischen Getränken (Kaloriengehalt pro 100 Gramm):

1. Bier/Pils: 42 Kalorien

2. Rotwein (leicht): 65 Kalorien

3. Weißwein (trocken): 69 Kalorien

4. Gin Tonic: 73 Kalorien

5. Sekt (trocken): 76 Kalorien

6. Rotwein (schwer): 78 Kalorien

7. Campari Orange: 83 Kalorien

8. Caipirinha: 144 Kalorien

9. Mai Tai: 179 Kalorien

10. Schnaps (mit 38 Prozent Alkohol): 213 Kalorien

Am nächsten Tag verbrachte ich meine Mittagspause mit einer weiteren Recherche im Internet – ich tauchte noch ein wenig in die Geschichte des Bieres ein. Dazu knabberte ich einen Salat, der neu in der Kantine auf der Karte stand und wie für mich gemacht war. Ich nannte ihn einen »Männersalat«, weil er mir und meinen Geschlechtsgenossen schön fleischhaltig und also durchaus sexy erschien: ein Rucola-Salat mit Granatapfelsauce, grünen Böhnchen und – Tusch! – Rinderfiletstücken.

Die ließ ich mir nun auf der Zunge zergehen, während ich fasziniert las, dass in Deutschland erstmals im Jahre 736 von »einem besonderen Gerstensaft« die Rede war, der im bayerischen Geisenfeld aufgetaucht war und von dort aus verbreitet wurde. Dreißig Jahre später verzeichnete man die erste offizielle Bier-Lieferung, die mit einer Bierurkunde beglaubigt wurde und an das Kloster St. Gallen von Geisingen an der Donau ging, wo vermutlich ein paar durstige Mönche von dem besonderen Säftchen gehört hatten und sich ihm annahmen. Jedenfalls machten sich bald viele Ordensgemeinschaften fleißig ans Brauen, wie die Augustiner, Franziskaner oder Paulaner, deren Namen ja bis heute auf Bierflaschen zu lesen sind, die in der ganzen Republik zu kaufen sind.

Bier wurde zunächst vor allem in süddeutschen Klosterbrauereien hergestellt, war aber schnell so begehrt, dass es in ganz Deutschland gebraut wurde. Der Gerstensaft galt im Mittelalter als Ergänzung der oft nicht ausreichenden Nahrung. Während der Fastenzeit wurde gar das Brauen von stärkeren Bieren genehmigt, die quasi als flüssiges Brot eingesetzt wurden, zur Kalorienergänzung. Damals hieß es auch noch, Bier sei ein geeignetes Getränk für Kinder, da es einen vergleichsweise geringeren Alkoholgehalt hatte und durch das Kochen der Würze keimfrei war – was man leider vom Wasser nicht immer behaupten konnte.

Ich rief kurzerhand meine Mutter an und klagte: »Warum musste ich als Junge heiße Milch trinken?

Und langweiliges Wasser? Du hättest mir ruhig auch mal ein Bier geben können.«

»Jens, was redest du da?«, fragte meine Mutter und sorgte sich: »Es ist Viertel vor eins am Mittag. Hast du etwas getrunken?«

Gewundert hätte es sie wahrscheinlich nicht: Meine Mutter ist Holländerin, ich trage also nicht nur deutsche Bier-Gene in mir, sondern auch ein paar von den »erffactors«, die auch Prinz Pilsje mitbekommen hat. Ich meine natürlich Willem-Alexander von Oranien-Nassau, den ältesten Sohn von Königin Beatrix, der in den Niederlanden oft als Bierhoheit betitelt wurde, da er angeblich jede Pilsflasche geleert hat, die nicht rechtzeitig in die Amstel geworfen wurde. Bis er 2002 diese Argentinierin heiratete, mit der er lauter kleine, süße, blonde Prinzessinnen zeugte, die nach ganz schnuckeligem Familienidyll ausschauen. Seither nennt man ihn hin und wieder auch Prinz Willem-Alexander.

Ich verabschiedete mich von meiner holländischen Mutter mit einem »Tjus, moeder!« und legte auf.

Ich hatte in einer Viertelstunde eine Konferenz, aber bis dahin las ich noch schnell, was es eigentlich mit der Pilsner Brauart auf sich hatte, deren Erfindung »als wichtiger Punkt in der Geschichte des Bierbrauens angesehen wird«, wie ich »biermap24.de« entnahm: »Sie ging aus der schon damals berühmten bayerischen Brauart hervor, die vor allem auf nur mit niedriger Temperatur abgedarrtem Malz und auf der langsamen Gärung durch Lagerung in kalten Höhlen und tiefen Kellern beruhte.« Ein gewisser Josef Groll habe »am 5. Oktober 1842 den ersten Sud nach Pilsner Brauart« gebraut – natürlich in Pilsen, jenem Örtchen im westlichen Böhmen, das der Brauart ihren Namen gab.

Ich verstand, dass der größte Unterschied zwischen einem Pils und anderen Bieren darin besteht, dass das Pils mehr Hopfen enthält und somit bitterer ist. Ganz wie ich es mag. Schönen Dank, Braumeister Groll, dachte ich. Und schwor, heute Abend ein Gedächtnisbier auf den guten Mann zu trinken. Ein »Original Pilsner Urquell«.

Doch erst mal bookmarkte ich »biermap24.de« und rannte in mein Meeting.

KAPITEL ACHT

Eine gute Woche später, in der ich ein halbes Kilo verloren hatte (was dazu führte, dass ich nun insgesamt 4 Kilo leichter war als zu Beginn meiner Diät), kam ich abends von der Arbeit nach Hause. Sina war nicht da, sie hatte mir ein gelbes Post-it an den Kühlschrank geklebt, auf dem stand: »Wird später bei mir, bin mit den Mädels unterwegs. Kannst du bitte mit Pepe rausgehen?«

Konnte ich, allerdings würde ich mit dem Hund nicht gehen, sondern laufen. Ich hatte mir angewöhnt, mit Pepe um die Wette zu rennen, wenn ich ihm sein Stöckchen warf. Noch sah ich neben dem Hund aus wie Mutter Beimer neben Carl Lewis – langsam. Aber ich holte auf und bildete mir ein, bei unserer kleinen Übung ein paar Gramm zu verlieren. Und ging ich abends mit Pepe raus, machte ich es wie Ulrike nach dem Boxen: Ich aß danach nichts mehr, erst morgens zum Frühstück wieder.

Pepe schien unsere Ausflüge sehr vergnüglich zu finden. Er stand immer schon mit hechelnder Zunge in der Tür und guckte mich mit seinem »Na, Alter, willst du gleich wieder von mir abgehängt werden?«-Blick an, während ich mir meine

Turnschuhe anzog. Wir wollten gerade los, als mein iPhone sich rührte: Ich hatte mir einen Signalton für Post aus New York eingerichtet, der zischte wie ein Bier, wenn man es öffnete. Ich bekam eine E-Mail, die mir sehr schmeichelte.

Von: Ulrike von Bülow

Datum: Donnerstag, 14. April 2011, 19:25 Uhr

An: Jens Bujar

Betreff: Kalorien

Diätpapst!
Ich bin gerade beim Baseball im Yankee Stadium, das erste Mal in dieser Saison, und ich dachte, ich guck nicht richtig, als ich mir eben ein Bier geholt habe – bei den Yankees werden neuerdings Kalorien gezählt! Die haben jetzt an den Bierständen auf den Tafeln neben der Biersorte und dem Preis auch eine Kalorienangabe stehen: Trinke ein Stella (0,3 Liter) mit 135 Kalorien für 9 Dollar. Früher habe ich immer Becks gekauft, aber das, so lese ich nun, hat 8 Kalorien mehr: 143.
So was, da fabrizieren die Belgier schlankere Biere als wir. Aber stell dir das mal in Deutschland vor, am Millerntor beim FC St. Pauli – ein Schild, auf dem steht: Astra 138 Kalorien. Absurd! Doch in New York City gibt es jetzt so ein Gesetz, das Ketten wie Starbucks vorschreibt, auf ihren Menütafeln die Kalorien anzugeben, damit die dicken Amis mal darüber nachdenken, was sie sich so einverleiben. Und stell dir vor, ein mittelgroßer Caffè Latte

hat 290 Kalorien. Da trink ich doch lieber ein Bier! Und werde dir zu Ehren heute auf den Hotdog dazu verzichten (der laut Tafel 510 Kalorien hat). Prost!
Grüße aus der Bronx, u.

Von: Jens Bujar
Datum: Donnerstag, 14. April 2011, 22:12 Uhr
An: Ulrike von Bülow
Betreff: RE: Kalorien

Pffff, Baseball ... komm mir nicht damit! Hab ich nie verstanden: Da hauen dicke Männer in Pyjama-ähnlichen Anzügen mit einer Keule Löcher in die Luft – was soll das? Und wieso nennt man das Sport?!

In Wahrheit fühlte ich mich aber natürlich geehrt: So weit war es schon gekommen, dachte ich, Menschen verzichteten meinetwegen auf einen köstlichen Hotdog! Und dann kam Sina in der Nacht auch noch von ihrem Mädchenabend zurück, mit einem leichten Schluckauf und ziemlich »viel Caipi im Kopf«, wie sie sagte, aber doch sehr klar in ihrer Meinung.

»Hab meinen Freundinnen von deiner Diät erzählt«, berichtete sie, »und die waren, hicks, total fasziniert. Ich soll dir von Klaudi sagen, dass du bitte mal mit ihrem Freund Jürgen sprechen sollst, dessen Bierbauch so mächtig ist, als habe er eine

Kiste, hicks, Weizenbier darin versteckt. Und dann soll ich dir von Jenny sagen, dass du mal mit Bernhardt reden sollst, der jeden Abend lattenbreit nach Hause kommt und, hicks, um die Taille inzwischen auch lattenbreit aussieht. Die Mädels wollen alle, dass ihre Jungs auch die Bier-Diät machen.«

Ich fand das natürlich ziemlich klasse. Und vielleicht stieg es mir ein wenig zu Kopf. Schwer zu sagen, aber kurz darauf erlitt ich einen sehr ungesunden kulinarischen Rückfall. Dazu gab es Unmengen Bier, so als würde ich die Spree leer trinken wollen.

Ich war auf Dienstreise in Berlin, hatte den ganzen Tag in Meetings verbracht und wollte mir am Abend etwas Gutes tun. Deshalb ging ich mit einem Kollegen aus, der mich nun in dieses berühmte Restaurant in Mitte führte, in dem die Kanzlerin verkehrt und diese immerblonde Talk-Tante, die mal bei der ARD war. Wie hieß sie noch, Christiane Sabinsen?

Unsere Namen kannte dort leider niemand, und da wir nicht reserviert hatten, hörten wir den schönen Satz: »Wenn Sie zwei Stunden warten mögen, haben wir vielleicht einen Tisch für Sie frei!«

Zwei Stunden warten für ein Vielleicht mochten wir aber nicht, und so gingen wir erst einmal um die Ecke – und landeten im nächstbesten Schultheiss-Eck, wo eine gewisse Ingeborg hinter dem Tresen stand. Ihre rot gefärbten Haare waren dermaßen toupiert, dass sie mich an ein explodiertes Vogelnest erinnerten.

Ingeborg begrüßte uns sehr freundlich: »So wat Süßes wie euch ha' ick ja lange nich mehr jesehn.«

Dann schenkte sie uns mächtig einen ein. Unsere Gläser waren kaum halbleer, da beschloss sie schon: »Ein Schulle jeht noch, wa?« Und zack, stand das nächste Bier da.

Wir hatten beide etwa sieben Schulle intus, als der Kollege meinte, er müsse dringend etwas essen: »'ne Cörry!« Eine Cörry aber, berlinerisch für Currywurst, korrespondierte mit meiner Diät etwa so gut wie Silvio Berlusconi mit einer 66-jährigen Geliebten. Erst recht um diese Uhrzeit: Es war inzwischen 23.15 Uhr. Ich beschloss, tapfer zu verzichten, den Kollegen aber zu begleiten. In die beste aller Cörry-Buden, wie ich sie aus Prä-Diät-Zeiten in Erinnerung hatte – »Ku'damm 195«, am guten alten Kurfürstendamm 195.

Ich habe so ziemlich jede Berliner Currywurstbude getestet, vor und nach dem Fall der Mauer. Ich darf behaupten: Am »Ku'damm 195« gibt es die leckersten Würste der Hauptstadt. Der Laden ist geradezu legendär, er kann sich mit prominenten Besuchern schmücken: Harald Juhnke, dessen Foto an der Wand hängt, kam hierher; er soll aber eher Flüssignahrung zu sich genommen haben. Oder Gerhard Schröder, der in seiner Zeit als Regierungschef gern seine Kanzler'sche Wagenkolonne vor der Tür anhalten ließ und auf die eine oder andere Cörry hereinschneite. Allerdings meist ohne seine bohnenstangige Gattin, die ja immer erschien wie aus der Partei Bündchen 90 Millimeter/Die Vegetarier.

Als ich die Würste sah, die hinter einer Glastheke vor sich hinbrutzelten, war ich dann doch ein wenig überfordert. Es schien, als würden sie mich anlächeln, leicht gebogen, wie sie waren.

»Eine Cörry mit Darm, dazu Pommes rotweiß und zwei Bier«, bestellte mein Kollege.

Und ohne dass ich darüber nachdachte, hörte ich mich reflexartig sagen: »Für mich das Gleiche.«

Das war eine ziemlich dämliche Ansage, denn wir bekamen sodann zwei Bier – jeder von uns.

Vor allem aber bekam jeder von uns eine Currywurst, und was dann geschah, muss ziemlich seltsam gewirkt haben; jedenfalls sagte mein Kollege später zu mir: »Mensch, Jens, ich dachte, ich muss einen Krankenwagen rufen. Du hast ausgesehen wie so ein Zappelphilipp bei der Love-Parade, der zu viel Ecstasy in der Blutbahn hat und besser nach Hause gebracht werden sollte.«

Es geschah nämlich Folgendes: Ich starrte auf meine Currywurst. Und für einen Moment war ich noch klar und nahm wahr: Jens, das ist falsch, was du hier tust. Aber herrje, dachte ich keine Sekunde später, das ist ja so, als wenn du deiner Freundin treu bist, aber dann steht Halle Berry in ihrem orangefarbenen James-Bond-Bikini vor dir und sagt: »Ich will dich, Jens.« Was soll ein Mann da machen?

Und so nahm ich einen dieser kleinen Pommes-Pikser, einen roten, und pikste ein Stück Currywurst auf und führte es in Richtung Mund. Für mein Gefühl spielte sich das in Zeitlupe ab, so scharf war ich auf das Zeug – und kaum war es tatsächlich in meinem Mund, drehte ich durch. Als die Wurst meine Zunge berührte und sich ihr Geschmack breitmachte – diese Mischung aus Glutamat, Fett und Kalorien –, fühlte es sich für mich an, als würde etwas direkt in meine Blutbahnen schießen. Ich war elektrisiert. Vom Kopf bis in die Zehen.

Und dann dazu noch die Pommes frites mit Ketchup und Mayonnaise! Ich bin ein großer Fan von Mayonnaise, die ich früher sogar gern als Butterersatz auf einem Sandwich verwendet hatte, ehe ich ihre Existenz wegen meiner Diät verdrängte. Nun aber brachen bei mir alle Junkfood-Dämme, und ich suhlte mich in meinem Teller Sünde mit gefühlten 10 835 Kalorien.

Ich würde gern sagen, dass es köstlich war, doch das Wort »köstlich« reicht nicht aus, um zu beschreiben, was ich in diesem Moment empfand. Denn so wie ich muss sich Uma Thurman in »Pulp Fiction« gefühlt haben, als man ihr die Adrenalinspritze direkt ins Herz rammte. Der Geschmack der Currywurst durchzuckte meinen ganzen Körper.

Sprachlos dachte ich: Jens, du hast einen kulinarischen Orgasmus. Und zwar einen multiplen.

Ich war völlig losgelöst von der Erde. Beinahe gedankenverloren. Wären da nicht bunt wie in einer Leuchtreklame verführerische Worte vor meinen Augen erschienen: »Vergiss die Pastinaken«, blinkte es auf. »Verbanne die Karöttchen«, schrillte es. »Das hier bist du!«

War ich auf einem Trip? Oder nur betrunken? Ich fürchtete, Letzteres.

—

Am nächsten Tag hatte ich eine Bier-Depression. Eine schlimme. Ich fiel in ein Diät-Loch, das etwa so groß war wie der Grand Canyon. Ich hätte noch zwanzig Currywürste essen können. Warum, fragte ich mich, tauschte ich ein schönes Leben voller Geschmack gegen ein freudloses Darben ein? Ich hatte keine Lust mehr auf Kalorienzählen, keine Sekunde, ich dachte die ganze Zeit an nichts anderes als an Schokolade. Volle Nuss! Nicht einmassiert auf meinem Rücken – sondern zerkaut in meinem Mund. Und wie hieß noch dieses Joghurt-Zeug, wo die Tante in der Werbung sagte, dass sie manchmal nachts aufstehe und sich einen Riegel aus dem Kühlschrank hole?

Siehst du, Jens, so macht das Leben Spaß, dachte ich. Was sollte das ganze Abnehmen? Verschwendete ich nicht meine Zeit? Sollte ich nicht besser mit

Freude dick und vierzig werden und dann platzen, anstatt mich gelangweilt und schlank mit hundertzehn aus dem Leben zu verabschieden?

Ja.

Ja!

Lieber Himmel, was waren das für Gedanken. Ausgelöst von einem bösen, bösen Kater. Ich fühlte mich wie die Jungs in »The Hangover«, Teil eins und zwei zusammengenommen. Ich weiß nicht, was mir mehr weh tat: der Kater oder das schlechte Gewissen?

Auf dem Rückweg nach Köln benahm ich mich im Flugzeug wie ein volltrunkener Mallorca-Tourist. Ich hatte die Wahl zwischen einem süßen und einem salzigen Snack – und nahm beide. Ich trank eine echte Cola obendrauf und schielte neidisch auf den Schoß meiner Sitznachbarin, in dem eine gigantische Tüte mit M&M's aus dem Duty-Free-Shop lag; diese Dinger, die, wie ich vermutete, nur aus Erdnuss, Fett und Farbe bestehen. Und mich furchtbar anmachten.

»Hey«, sagte ich zur Stewardess, »ich brauche mehr Süßkram.«

Die Dame, eine Frau mit blonder Mireille-Mathieu-Frisur, schaute mich an, als sei ich Serge Gainsbourg und hätte gerade gesagt: »Voulez vous coucher avec moi?«

»Tut mir leid, da kann ich nichts für Sie tun, wir gehen nur einmal mit den Snacks herum«, sagte sie.

Aha, dachte ich, da fliege ich einmal mit Chicken Wings, weil der Name so lecker klingt – und dann so etwas. Das nächste Mal buche ich wieder meine Lieblings-Fluggesellschaft, da bekomme ich Miles & More zu essen. Da hat man mich lieb!

Ich hatte eine furchtbare Laune, die sich aus einer Mischung von Kater, Übernächtigung und Selbsthass zusammensetzte. Wie hatte ich nur so dermaßen über die Stränge essen und trinken können? Und dann noch an allem und jedem zweifeln? Was ging da für krudes Zeug durch meinen Kopf? Ich machte eine famose Diät, die mir gestattete, mich zu betrinken – und dann verteufelte ich sie? Halleluja, Bujar, dachte ich. Jens, sei ein Mann, sei groß. Steh zu deinen Sünden und bügele sie wieder aus. Wobei, bügeln – das machte bei uns eigentlich die Reinigung. An einem guten Tag hätte ich bei diesem Gedanken schmunzeln müssen, aber heute kam irgendwie kein Spaß in mir auf.

Ich fühlte mich unbeschreiblich schlecht, als ich, gerade gelandet, am Kölner Flughafen in ein Taxi fiel und kleinlaut sagte: »Nach Hause bitte. Zu Bettina.«

Ich traute mich kaum heim, denn ich erwartete, dass Bettina mich mit dem Nudelholz aus der Wohnung jagen würde. Völlig zu Recht. Die ahnte doch bestimmt, dass ich nach Halle Berry geschielt hatte. Frauen ahnen, riechen, fühlen und sehen doch immer alles.

Und so schlich ich leise die Treppe hoch, in unser Bad, das Sina nur noch »Bettinas Zimmer« nannte. Und da ruhte sie am Boden, meine Waage, ganz unschuldig und lieb. Hinten links in der Ecke, gleich neben dem Waschbecken, auf dem ich nun meine Uhr ablegte, um beim Wiegen ein paar Gramm zu sparen. Genau wie meine Halskette, ein Silberstück mit dicken Gliedern, das Sina nicht zu Unrecht »super prollig« fand. Ich zog mich aus, entfernte ein paar Flusen aus meinem Bauchnabel und überlegte ernsthaft, ob ich mir noch rasch meine Fuß- und Fingernägel schneiden sollte. Auch das Rasieren meiner vier Brusthaare und das Entfernen der achtzehn Plomben aus meinen Zähnen zog ich in Betracht. Zwecks Gewichtsverlust.

Vorsichtig stellte ich mich auf Bettina und kniff die Augen zusammen. Wollte ich wirklich sehen, was sie mir zu sagen hatte? Besser nicht. Doch es nützte ja nichts.

Mir kam es vor, als seien Stunden vergangen, ehe ich mich traute, die Augen zu öffnen. Langsam schaute ich herunter – und sah: 89,244 Kilo. Ich hatte nur 344 Gramm zugenommen, verglichen mit meiner letzten Bettina-Begegnung vor drei Tagen.

Ich war eine Sekunde baff, dann jubelte ich so laut, dass meine schwulen Nachbarn an die Wand pochten und riefen: »Jens, hömmaaah, hast du im Lotto gewonnen?«

Als ich mich halbwegs wieder gesammelt hatte,

rief ich Dr. Manfred Jung an, meinen Ernährungsberater. Seine Sekretärin war dran und sagte, ich müsse mich einen Moment gedulden, »er spricht gerade«.

Also hing ich in einer Warteschleife. Die Musik hätte auch in jeden Fahrstuhl dieser Welt gepasst. Ein Trallala, das man nicht wiedergeben konnte, so belanglos war es. Aber gut, dachte ich, was soll ein Ernährungsberater auch sonst spielen? »Hungry Like The Wolf« von Duran Duran? »Fat Bottomed Girls« von Queen? Einen Hit von »Hot Chocolate«? Nein, zu köstlich!

Drei Minuten später war Dr. Jung dran und entschuldigte sich für »die kleine Wartezeit«.

»Herr Bujar, wie kommen Sie mit Ihrer Bier-Diät voran?«, fragte er.

»Prächtig«, sagte ich und schilderte ihm meine jüngsten Erfahrungen. Ich versah meine Ausführungen allerdings mit einem kleinen Fragezeichen – kann das alles wirklich sein? Eine sündige Currywurst ohne große Gewichtszunahme?

»Aber ja«, sprach der Experte. »Sie ernähren sich jetzt schon so lange gesund und normal, dass ein Abend des Ausschreitens Ihre Figur nicht mehr aus dem Gleichgewicht bringt. Aber gehen Sie deshalb jetzt bitte nicht jeden Abend in die Pommes-Bude!«

Natürlich nicht, so schlau war ich inzwischen auch. Und ich hatte ja mittlerweile auch genug über vielseitige Ernährung gelernt, dass ich dachte: Nee, jeden Abend Fritten – das wäre keine Option für mich. Zu langweilig.

Ich machte Fortschritte, und die wollte ich teilen. Ich griff nach meinem iPhone und schrieb eine E-Mail.

Von: Jens Bujar
Datum: Mittwoch, 20. April 2011, 17:12 Uhr
An: Ulrike von Bülow
Betreff: Sünde zahlt sich aus

Meine Liebe, diesmal hat mich der Kater erwischt, aber geschenkt: Hab mich während meiner ganzen Diät noch nie so geil gefühlt wie heute! Gestern in Berlin hab ich böse gesoffen und gesündigt und 'ne Currywurst mit Pommes gegessen. Und dann bin ich vom schlechten Gewissen zerfressen nach Hause – und kaum stehe ich auf der Waage, sagt Bettina (ein Schatz!) zu mir, dass das gewichtstechnisch so gut wie gar nichts ausgemacht hat.
Grenzdebil grinsend:
Jens

Von: Ulrike von Bülow
Datum: Mittwoch, 20. April 2011, 17:37 Uhr
An: Jens Bujar
Betreff: RE: Sünde zahlt sich aus

Guck mal an. Ist das so, weil du dich jetzt so ausgewogen ernährst?
Bin! Stolz! Auf! Dich!

Ich hatte sechs Tage Besuch aus Hamburg, Freunde, mit denen ich jeden Abend essen und trinken war. Den besten Burger der Stadt, das beste Steak der Stadt und so weiter, dazu ein Vino oder ein paar Bier – und jetzt kneift die Jeans. Hilf mir, Diätmeister!

Runde Grüße,
u.

Von: Jens Bujar
Datum: Mittwoch, 20. April 2011, 17:39 Uhr
An: Ulrike von Bülow
Betreff: RE: RE: Sünde zahlt sich aus

Du glaubst doch wohl nicht, dass du meine Idee klauen kannst! Iss du mal schön weiter, und dann machst du die Champagner-Diät. Oder versuch mal »Schlank mit Heroin«!

Lg, Jens

PS: Merk dir bitte, wo es den besten Burger gibt: Du weißt ja, was ich verdient habe, wenn ich 10 Kilo abgenommen habe, nach New York komme und meine Wettschuld bezahle!

Von: Ulrike von Bülow
Datum: Mittwoch, 20. April 2011, 17:44 Uhr
An: Jens Bujar
Betreff: RE: RE: RE: Sünde zahlt sich aus

Geht klar ☺

Es wurde langsam Sommer, und ich fühlte mich extrem lässig mit meiner kleinen Diät. Doch dann bekam ich eine SMS von meinem Freund Guido: »Samstag angrillen bei mir. Ab 17 Uhr. Bitte Bier und Wurst mitbringen! Bis denne.«

Daran hatte ich noch gar nicht gedacht: Die Grill-Saison gehörte eigentlich zu meinen bevorzugten Jahreszeiten, doch nun trieb mir Guidos Einladung Angstschweiß auf die Stirn. Sofort schossen mir Bilder durch den Kopf, unterlegt mit der Musik von »Mission Impossible«: Ich sah einen qualmenden Grill, einen Teller mit saftigen Steaks und Würstchen, eine Schale Nudelsalat, angemacht mit Mayonnaise, Grillsaucen, Baguette mit Kräuterbutter und Rosmarin-Kartoffeln, in Öl eingelegt. Kurz, ich sah ein Festmahl, das besser ohne mich stattfinden sollte. Oder?

»Ach was«, sagte Sina, »da nimmst du dir schön einen grünen Salat mit, isst ein Steak dazu, trinkst ein leckeres Weizen – geht doch!«

Sie hatte natürlich recht, das ging wahrscheinlich. Einmal. Aber einen ganzen Sommer lang? Und immer unter dem Gejohle unserer lieben Freunde und Kommentaren wie: »Ach, da kommt unser Bier-Missionar!« oder: »Seht nur, Jens isst den Häschen wieder das Grünzeug weg!«

Ich hörte sie schon lachen, doch dann geschah etwas Merkwürdiges, als ich an jenem Samstag, einem milden Frühlingstag, gegen Viertel nach fünf bei Guido erschien.

Er wohnte in einer Altbauwohnung im Hochparterre, mit einer kleinen Terrasse, von der ein paar Stufen hinunter in ein hübsches Gärtchen führten, das der Fläche nach an unser Squashfeld erinnerte und von einer Hecke umgeben war.

Guido hatte ein paar Klappstühle aufgestellt und natürlich seinen Grill, so ein Riesending mit amerikanischen Ausmaßen. Es waren schon etwa zehn, fünfzehn Leute da, als Sina und ich anrückten. Meine Freundin sah bezaubernd aus, in einem tief dekolletierten Kleidchen in Erdbeerrot, das farblich sehr schön zu ihrem selbstgemachten Salat mit Rucola, Tomaten und Mozzarella passte.

Sina trug die Salatschüssel, ich einen Jutebeutel, in dem sich ein mächtiges Beefsteak für Sina befand und ein nicht ganz so mächtiges Filetstück für mich. Außerdem natürlich ein paar Weizenbiere, die aber eher für die Allgemeinheit gedacht waren als für uns, denn Sina schweifte ja meist schnell zur Weinschorle ab. Und ich musste ja ein wenig auf meine Figur achten, weshalb ich nun also den üblichen Hohn und Spott erwartete.

Doch dann nahm man mich auf einmal mit offenen Armen auf. Besser gesagt, Lotta nahm mich mit offenen Armen auf, eine junge Dame, groß und blond, Halb-Schwedin und sehr sexy, für die Guido sich seit ein paar Wochen erwärmte.

»Du bist also der Jens«, sagte Lotta. »Hab schon viel von dir gehört, du machst doch diese tolle Diät.«

Ich war irritiert. Drehte jemand »Verstehen Sie Spaß?« mit mir, war irgendwo eine Kamera versteckt?

In Lottas Stimme war kein Spott, keine Ironie zu hören – die meinte das ernst, was ich auch daran bemerkte, dass Guido um sie herumscharwenzelte wie mein Hund Pepe um eine Salami.

»Ja, Jens' Diät ist super. Ich unterstütze ihn, wo ich nur kann«, sagte Guido, dann guckte er mich an: »Ich hab natürlich eine Schale mit Gurkensticks für dich vorbereitet.«

Ich stellte mir vor, wie seine Nase länger und länger wurde, sich durch die Hecke bis auf die Straße bohrte, wo sie eine arme, unschuldige Großmutter anstupste und bis nach Düsseldorf schob.

»Guidoccio, mein Freund!«, sagte ich und dankte für die Gurkensticks.

Er verstand genau, was ich meinte. Schleimer.

Der Abend wurde dann aber sehr nett. Lotta wollte etwas von unserem grün-rot-weißen Salat abhaben und alles über meine Diät wissen. Sie staunte Bierdeckel, als ich ihr erzählte, wie wenig Kalorien das Weizen hatte, mit dem ich nun Guido zuprostete, der schwitzend am Grill stand, Würstchen umdrehte und eifersüchtig herüberguckte. Sie lachte, als ich ihr verriet, was ich nun alles über Gemüse wusste.

»Rettich zum Beispiel ist sehr potenzfördernd«, sagte ich. »Guido isst den jetzt auch.«

Jens' 10 goldene Grill-Tipps

1. Nicht schon Berge von Brot mit Soße essen, bevor das erste Würstchen auf dem Grill ist. Und überhaupt: Finger weg vom Weißbrot, das nichts enthält, was der Körper wirklich braucht. Macht nicht satt, nur dick. Und nichts macht dicker als Baguette mit Kräuterbutter!

2. Lieber Fleisch als Würstchen essen. Die meisten Fleischsorten haben weniger Fett als Würstchen, denen man ihren Fettgehalt nicht

immer so sehr ansieht wie einer Salsiccia. Und das Fleisch nicht mit klebriger Marinade einreiben, sondern einfach nur mit Salz, Pfeffer und Rosmarin bestreuen. Wer ohne Marinade nicht leben kann, sollte eine selber machen (oder die Gattin darum bitten). Keine Fertigprodukte kaufen, die gern versteckte Kalorien enthalten.

3. Logisch natürlich, dass mageres Fleisch besser ist als fettes. Zu den fettärmsten Grillfleischsorten zählt das Lammfilet (100 Gramm enthalten 3,4 Gramm Fett und 110 Kalorien), das Kalbsfilet (3,5 Gramm Fett, 117 Kalorien) oder das Rinderfilet (4,2 Gramm Fett, 125 Kalorien). Eine feine Sache sind auch Spießchen mit Hähnchenbrust (0,7 Gramm Fett, 102 Kalorien. Ohne Haut!) oder Schweinefilet (2,1 Gramm Fett, 105 Kalorien). Die Spießchen am besten zusätzlich mit Gemüse bestücken (Paprika, Zucchini o. ä.), das spart Fleisch.

4. Aber alles nützt nichts, wenn man sein mageres Fleisch in Ketchup ertränkt. Denn was ist die Hauptzutat von Ketchup? Tomaten? Aber nicht doch: ZUCKER! Die meisten Ketchup-Sorten enthalten mit 30 Prozent mehr Zucker

als Coca-Cola und Co. – also: Ketchup weglassen. Dann kann man stattdessen ein Stück Fleisch mehr essen!

5. Wenn die Freunde anfangen, Burger zu grillen, denen man auf Diät komm raus nicht widerstehen kann: einfach das Fleisch austauschen. Burger bestehen meist aus Schweine- oder Rinderfleisch. Wenn man stattdessen Geflügel oder Tartar, zu Deutsch Schabefleisch, nimmt, spart man einiges an Fett. Außerdem kann man das Fleisch mit Quark mischen (im Verhältnis etwa 5:1), dann ist mehr Eiweiß drin und weniger Fett. Über das Brötchen lieber nicht nachdenken, da droht böser Kohlenhydrategehalt! Es hilft, nur eine Hälfte zu essen, also die obere wegzulassen.

6. Sich ruhig auch mal an ein Stück Fisch herantrauen – ist schön kalorienarm und bringt eine andere Farbe auf den Grill! Eine Dorade zum Beispiel, die sich auf dem Rost am besten in Alufolie macht, denn Fischfleisch ist empfindlich und kann leicht auseinanderfallen. Fetthaltigere Fische eignen sich besser zum Grillen, sind aber eben auch fetthaltiger, wie Lachs, Thunfisch oder Makrele.

7. Als Beilage keine mayonnaisehaltigen Kartoffelsalate mampfen, sondern ruhig mal ein paar Champignons oder ein paar Stangen Spargel auf den Grill legen. Einfach ein bisschen herumprobieren: Zwiebeln oder ein Maiskolben tun zum Steak nicht weh. Und eine Grillkartoffel geht immer. Denn die Kartoffel ist ein Knaller, das Kraftwerk unter dem Gemüse – mit wichtigen Mineralstoffen, Vitaminen (B1, B2, C) und Kalium. Und mit weniger Kalorien als zum Beispiel Brot oder Pasta.

8. Aber: auf dicke Sour Creme verzichten. Lieber einen leichten Dip anrühren, mit Magerquark oder Joghurt. Auch da kann die Gattin notfalls helfen, ist aber eigentlich ganz einfach: Ein Hauch Zitronensaft reinrühren, Salz, Pfeffer, etwas Chili dazugeben, noch ein bisschen frischen Schnittlauch drüberschnippeln – und fertig.

9. Man kann einen Grillabend überleben, ohne zu *jedem* Stück Fleisch ein Bier zu trinken. Ruhig auch mal eine Pause machen. Und die anderen beobachten, die sich sinnlos vollschütten und zuschaufeln. Konzentriert essen, sich auf das besinnen, was wirklich nottut, und

mal kurz durchatmen. Auch wenn es klingt wie beim Yoga – das hilft.

10. Wenn die anderen dann nach ihrem fetten Essen kalorienreich einen Jubiläumsaquavit oder einen Fernet Branca in sich hineinkippen, lieber zwei, drei Oliven naschen. Die steigern die Tätigkeit der Galle und ersetzen den Verdauungsschnaps. Grüne Oliven sind besser als schwarze: Sie werden unreif geerntet und enthalten weniger Fett. Trotzdem darf man's mit den kleinen Dingern nicht übertreiben: In fünf großen, schwarzen Oliven stecken etwa 15 Gramm Fett.

Die Grill-Party war ein großer Moment in meinem Abnehm-Dasein. Ich war ganz eins mit meiner Bier-Diät und mit dem Leben überhaupt. Sina, im Gespräch mit einer Freundin, lächelte andauernd zu mir herüber und amüsierte sich über meine Konversation mit Fräulein Lotta; anders als Guido, der mit einem Teller fertig gegrillter Würstchen zu uns herüberkam, das Gesicht grantig wie Oliver Kahn im berühmten Moment, als er Heiko Herrlich in den Hals biss.

Das war auch kein Wunder, denn Lotta legte mir gerade die Hand auf den Arm, als sie mich fragte:

»Und sag mal, hast du eigentlich Pickel bekommen, als du deine Ernährung umgestellt hast? Das ist mir mal passiert, als ich angefangen habe, mehr Vollkornlebensmittel und weniger Milchprodukte zu essen.«

Doch auf meine Haut hatte ich, ehrlich gesagt, bisher überhaupt nicht geachtet, ich war viel zu viel mit anderen Dingen beschäftigt gewesen.

Guido grätschte ins Gespräch und hielt uns den Wurstteller entgegen.

»Möchte jemand?«, fragte er und schob schnell noch hinterher: »Also, Jens natürlich nicht, aber du vielleicht, Lotta?«

Lotta schüttelte den Kopf und schaute mich an, während ich wiederum zu Guido schaute.

»Sag mal, mein Freund, hab ich Pickel bekommen, als ich meine Diät angefangen habe?«, fragte ich.

Guido guckte nun genauso verstört wie Heiko Herrlich, als der von Oliver Kahn gebissen wurde.

»Ähm, nee, also, nicht dass mir da was aufgefallen ist«, stammelte er. »Deine Haut ist doch voll schön, Jens«, sagte er und klang wie die Jungs aus der Pastinaken-Abteilung: süß.

Der arme Kerl. Lotta schien ihn ernsthaft nervös zu machen.

Aber das war an diesem Abend nicht mein Thema. Um mich herum wurde fröhlich gemampft. Ich schätzte, dass während des Grillfestes 8,2 Millionen Kalorien durch die Münder unserer Freunde wanderten. Ich musste schmunzeln, als ich sah, wie Christoph sich sechs Würste auf einmal auf den Teller legte – und diese auch tatsächlich alle aß. Ich hätte schreien können, als Paul sein Kräuterbutter-Baguette so fett mit Thunfischcreme bestrich, dass die Hälfte an seinem Kinn herunterlief, kaum dass er hineingebissen hatte.

Ich hatte weder Appetit auf sechs Würste – mein Filetsteak reichte mir völlig –, noch hätte ich Thunfischcreme gebraucht. Das reine Beobachten des kulinarischen Treibens war genug, um mich wohl zu fühlen. Ich gönnte jedem seinen Genuss, wollte ihn aber nicht teilen, jedenfalls nicht in diesen Mengen. Vielleicht war mein Magen inzwischen geschrumpft wie der von Rainer Calmund, nur dass ich dafür keine operative Verkleinerung brauchte? Mein Hunger war jedenfalls nicht besonders mächtig. Das war neu für mich und fühlte sich großartig an. Und auch, was den Alkohol anging, war ich wenig exzessiv gestimmt: Ich hielt mich seit einer Stunde an meinem ersten Weizenbier fest.

Sina kam herüber und setzte sich auf meinen Schoß. »Na, mein tapferer Freund«, sagte sie und küsste mich.

Lotta, die neben mir saß, guckte ziemlich sparsam. »Ich hole mir noch mal ein bisschen Salat«, entschuldigte sie sich.

Ich drückte Sina an mich und flüsterte ihr leise ein Wort ins Ohr: »Danke.«

Sie guckte fragend.

»Danke wofür?«

»Für alles«, sagte ich. »Dafür, dass du mich liebst und mir vertraust und offen bist für jeden Quatsch, der mir in den Sinn kommt.«

Sina lachte, sie kannte mich anders. Ich war normalerweise etwa so romantisch wie John Wayne. Kein Typ also, der viel Süßholz raspelte.

Und darum sagte Sina: »Jetzt werd mal nicht komisch, Jens. Sonst glaube ich auch noch, dass du dir den Verstand weggehungert hast. Oder hattest du heute einfach ein bisschen viel Sonne?«

Vielleicht. Aber ich war an diesem Abend sehr, sehr verliebt. Und auch in New York machten sich offenbar Frühlingsgefühle breit, wie ich einer E-Mail entnahm, die während unserer kleinen Grillsause auf meinem iPhone einging.

Von: Ulrike von Bülow
Datum: Sonnabend, 07. Mai 2011, 20:02 Uhr
An: Jens Bujar
Betreff: Völkerkunde

Jens, mein Lieber,
habe gestern Nacht an dich gedacht! War in meiner Lieblings-Sportsbar in Tribeca, wo ich eigentlich ein Basketballspiel gucken wollte: Nowitzki und seine Mavericks in den Play-Offs. Parallel dazu lief aber ein Eishockeyspiel, irgendwas mit den Vancouver Canucks, und am Tresen

saß ein junger Mann, der das gebannt verfolgte; ein kanadischer Eishockeyspieler, wie sich später herausstellte, der aussah wie aus dem Bilderbuch für Kanada-Klischees: rote Haare, Acht-Tage-Bart, schwarzweiß kariertes Holzfällerhemd. Wir kamen ins Gespräch, als ich ein Bier bestellte (Beheeeecks!), und der meinte: »That's a great German beer.«
Dann erzählte er, dass Kanada von amerikanischem Bier überschwemmt würde und es in seinem riesengroßen Land kaum Brauereien gebe, die in kanadischer Hand seien. »Aber ihr in eurem kleinen Deutschland – ihr habt's echt drauf mit eurem Bier und exportiert wie die Weltmeister!«
Da war ich fast ein bisschen stolz. Der kannte sogar Jever! Und der konnte richtig was trinken (es wurde spät!), hatte aber trotzdem ein »Sixpack«, wie ein Waschbrettbauch hier sehr schön heißt, so dass ich ihn fragen musste, wie das denn einhergeht. »Abends Bier, morgens Fitnessstudio«, lautete die Antwort.
Das nur mal so zur Anregung!
Ahoi, u.

Von: Jens Bujar
Datum: Sonnabend, 07. Mai 2011, 22:57 Uhr
An: Ulrike von Bülow
Betreff: RE: Völkerkunde

Uhuuuuuh, kannst du den jungen Mann bitte nach Köln schicken? Sina träumt von einem Waschbrettbauch, seit ich auf Diät bin. Bin nur leider noch nicht ganz so weit. Aber woher weißt du denn das mit dem Bauch, durftest du mal anfassen?

Lg,
Jens

Von: Ulrike von Bülow
Datum: Sonnabend, 07. Mai 2011, 23:12 Uhr
An: Jens Bujar
Betreff: RE: RE: Völkerkunde

Sag ich nicht. Aber ich bin heute Abend mit dem jungen Mann verabredet – auf einen Ausflug in meine Bier-Heimat: Wir gehen ins »Café Katja«, eine Puppenstube von einem Restaurant auf der Lower East Side. Gehört Erwin aus Graz und Andrew aus Manhattan.
Ich glaube, Erwin hat den Laden eröffnet, weil der auch nicht so auf amerikanisches Bier steht, der importiert lieber etwas aus unserer Richtung: Im »Café Katja« gibt es Salzburger Stiegl und jedes deutsche Bier, das ich mag: Jever. Schneider Weiße aus der Flasche. Oder Weihenstephaner vom Fass. Köstlich!
Findet Andrew auch, der ist ein Fan unseres Reinheitsgebotes: »Bei euch weiß man, was man bekommt. Diese Schlichtheit des deutschen Bieres, die finde ich sehr ansprechend. Hier in den USA ist ja an Geschmacksverstärkung alles erlaubt, und darum schmeckt unser Bier oft seltsam parfümiert.« Und ist genauso absurd wie

Caffè Latte mit Eierpunsch- oder Kürbisaroma! Andrew meint, dieses Gedöns mit den Zusatzstoffen käme von »der amerikanischen Besessenheit für den großen Geschmack« (immer doller, immer mehr). Die kennen einfach keine Grenzen, die Amis.
So, und bevor du dir jetzt noch ein gutes, deutsches Bier aufmachst – auf den Boden mit dir, zwanzig Bauchaufzüge, wie mein Boxtrainer immer so schön sagt!
Cheers, u.

Am Morgen schickte ich noch eine E-Mail, um Ulrike zu fragen, wie ihr Bier-Date war. Aber das dauerte wohl noch an – ich bekam jedenfalls keine Antwort.

Ich verbrachte den Sonntagvormittag vor dem Fernseher, schob irgendeine nichtsnutzige TV-Serie in den DVD-Player, achtete aber kaum weiter darauf, denn ich lag vor der Glotze auf dem Boden und machte tatsächlich Sit-ups. Ich schaute fasziniert auf meinen Bauch: Wo früher drei Rollen Speck hervortraten, wenn ich mich hochzog und meinen Kopf Richtung Knie bewegte, war heute nur ein einsames, kleines Röllchen zu sehen.

»Sinaaaaaa!«, rief ich, »komm doch mal bitte.«

Das musste ich ihr vorführen!

Sina erschien im Wohnzimmer und gluckste.

»Was soll denn das, machst du jetzt auf Embryo? Wobei …« Sina hielt erstaunt inne.

»Ein Embryo ist dicker als du«, sagte sie dann. »Jens! Was ist denn bloß mit deinem Bauch passiert? Guck dich mal an, du siehst ja super aus. Mein Freund, der Diät-Weltmeister!«

Weltmeister, das war mein Stichwort: Mir fiel ein, dass ich noch etwas googeln wollte, das Ulrike erwähnt hatte beziehungsweise dieser kanadische Vogel. Ich schaffte noch zehn Sit-ups, dann hüpfte ich auf, sprang an den Schreibtisch und tippte »Deutschland + Bier + Export« in die Suchmaske ein. Der Kanadier hatte recht. Wir waren vielleicht nicht Weltmeister, aber für ein vergleichsweise kleines Land ganz groß dabei: Unser Bier-Export ist in den vergangenen zehn Jahren mächtig angestiegen – von 10 752 000 Hektolitern, die Deutschland im Jahr 2000 unter fremde Leute gebracht hat, auf 14 754 000 Hektoliter, die wir 2010 ins Ausland verkauft haben. Dabei waren die Italiener mit 3 207 000 Hektolitern unsere größten Abnehmer. Umgekehrt sah es allerdings anders aus: Die Deutschen kauften den Italienern nur 4000 Hektoliter ihres Bieres ab.

Mir war jetzt auch klar, warum Ulrike in New York an allen Ecken über deutsches Bier stolperte – die Amerikaner wurden 2010 von deutschen Brauereien mit 1 756 000 Hektolitern versorgt. Verständlich, dass die bei ihrem dünnen Zeug unser gutes Bier genauso begeistert aufnahmen wie wir damals ihre Luftbrücke. Ich stellte mir vor, wie die

New Yorker mit offenen Armen auf der Fifth Avenue standen, wo paketweise Becks und Jever und Franziskaner vom Himmel fielen. Ein Traum!

Etwas geschah mit mir. Ich fühlte mich anders und schwebte leicht wie ein Wattebausch durchs Leben. Ich integrierte die Bauchmuskelübungen in meinen Alltag, machte nun jeden Morgen dreimal zwanzig Sit-ups, während ich vor der Glotze lag und Frühstücksfernsehen guckte, die neuesten Nachrichten. Einmal war dort von Novak Djokovic die Rede, dem Tennisspieler, der gerade ein Turnier nach dem anderen gewann und auf dem Weg war, die Nummer eins der Welt zu werden. Es hieß, sein Erfolgsgeheimnis sei eine kleine Diät: Djokovic ernähre sich seit ein paar Monaten glutenfrei, er habe dadurch ein paar Kilo verloren und ein neues Körpergefühl bekommen, erzählte Djokovic; er sei jetzt beschwingter als früher.

»Bingo«, hörte ich mich sagen, »ich weiß genau, was du meinst, junger Mann.«

Nicht dass ich vor ein paar Monaten eine Ahnung gehabt hätte, was das Wort Gluten bedeutete, nun aber, mit all meinem Diätwissen, musste ich nicht lange darüber nachdenken: Gluten (lateinisch für Leim) sind sogenannte Kleber, die beispielsweise in Mehl vorkommen und in Verbindung mit Wasser dafür sorgen, dass sich eine teigige Masse bildet; Gluten sind beim Backen also ganz wichtig. Doch es gibt Menschen, die Gluten nicht vertragen. Wer das nicht weiß, kann durch falsche Essgewohnheiten zu wenig Vitamine und Energieträger aufnehmen und seine Darmschleimhaut schädigen, was zu Infektanfälligkeit und Ausdauer-Problemen führen kann. Djokovic aber hat sich darauf untersuchen lassen und verzichtet seit Ende 2010 auf Pizza, Pasta und – tapferer Kerl – Bier.

Ich schien keine Probleme mit Gluten zu haben, im Gegenteil. Ich musste den Gürtel enger schnallen – und zwar zwei Löcher. Ich war seit vierzehn Wochen auf Bier-Diät und hatte 7 Kilo abgenommen. Mir wurde das Ganze fast ein bisschen unheimlich. Ich war inzwischen total verknallt in Bettina. Mein Auto wusste kaum noch, wie ich aussehe, ich ließ es immer öfter stehen und fuhr Fahrrad, angestachelt vom Gewichtsverlust. Wenn ich in die Firma ging, nahm ich nicht mehr den Fahrstuhl, sondern lief die Treppen hinauf zu meinem Büro im fünften Stock. Ich bildete mir ein, fünf Stockwerke würden ungefähr ein Pils gutmachen, also Raum für Bier-Kalorien schaffen.

Sogar meiner Sekretärin war inzwischen etwas an mir aufgefallen: »Herr Bujar, Ihre Hemden spannen ja gar nicht mehr am Bauch.« Auch spannte die Jeansgröße 33 nicht mehr, und meine Taille sah fast wieder aus wie eine Taille.

Am Mittwoch bekam ich eine weitere Bestätigung meiner körperlichen Fitness. Ich deklassierte Guido bei unserer allwöchentlichen Squash-Runde lockerflockig mit 11:2, 11:6.

»Nenn mich den Djokovic des Squash«, sagte ich, doch Guido verstand nicht. Er guckte wie ein Murmeltier, das ich aus dem Winterschlaf geholt hatte.

Unter der Dusche erschien er mir dann etwas wacher: Da musterte Guido mich von oben bis unten, dann pfiff er, als sei ich die heiße Schwedin von seinem Grillfest.

»Jens«, sagte er, »so langsam sieht man aber, dass deine Diät fruchtet. Apropos, gehen wir gleich noch ein Bier trinken?«

Eine Viertelstunde später standen wir bei Karl an unserem Stammtresen im Friesenviertel.

Guido bestellte zwei Kölsch, doch ich winkte ab: »Nee, lass mal, ich nehme ein Wasser.«

Wieder der Murmeltierblick.

»Was? Hast du mit deiner Diät aufgehört?«, fragte Guido. »Komm, Jens. Nicht dass ich dich jetzt verhöhnen muss, weil du kein Bier bestellst.«

Ich schüttelte den Kopf und fragte mich, was mit mir los war, dass mir nach einem Wasser war. Doch die Antwort war ganz simpel: Ich hatte in diesem Moment einfach keinen Appetit auf Bier. Vielleicht, so kam es mir in den Sinn, ist das Grandiose an meiner kleinen Bier-Diät, dass ich freiwillig verzichtete, weil ich eigentlich nicht verzichten müsste.

Ich dachte laut weiter: »Guido, mir wird gerade klar, wie leicht es ist, abzunehmen, wenn man dabei hin und wieder ein Pils trinkt: Es fühlt sich nicht so an, als sei ich auf Diät. Ich komme mir eher vor wie auf Entdeckungsreise. Ich finde das alles gar nicht unspannend, was ich über Ernährung lerne, solange ich mir ein Bierchen dabei aufmachen kann, wenn mir danach ist. Verstehst du, was ich meine?«

Diesmal kam ein Murmeltiernicken.

»Bei mir ist es leider andersrum«, sagte Guido dann, »ich möchte etwas haben und bekomme es nicht. Lotta, die Schwedin, weißt du noch? Die so auf deine Bier-Diät abgefahren ist?«

Unvergessen, mein Freund.

»Ich habe kürzlich eine Nacht mit ihr verbracht. Aber davor waren wir im Kino und dann Billard spielen. Dazu gab es zwei Weizen. Und dann war Lotta ziemlich angeschäkert. Wir haben ein bisschen geknutscht, und kaum lagen wir im Bett, ist sie eingepennt. Weiber.«

Und dann geschah etwas sehr Komisches: Ich sah Guido dabei zu, wie er sich betrank, langsam, aber stetig. Ist mir noch nie aufgefallen, wie schnell Menschen sich verändern, wenn sie Alkohol konsumieren, denn meist stand ich ja daneben und hatte selbst auch ein Bier in der Hand, wenn es denn welches gab.

Guido trug an diesem Abend ein hellblaues T-Shirt mit der dunkelblauen Aufschrift »Glückskeks«, das ich ihm mal aus Hamburg mitgebracht hatte, als Verlegenheitsgeschenk, weil ich abends nach meiner Rückkehr zu seinem Geburtstag eingeladen war. Aber es passte, denn Guido war ein Typ wie aus dem Windkanal für Gute-Laune-Menschen. Bei ihm schien immer alles zu flutschen. Guido klagte nie über Sorgen im Job, und zum Bäuchlein oder zu fiesen Geheimratsecken, wie sie sich bei mir langsam bildeten, neigte er auch nicht. Ständig führte er uns irgendwelche Blondinen vor, bei denen man dachte: Alle Achtung. Bei Lotta aber, der schnuckeligen Schwedin, schien er auf Smørrebrød zu beißen. Und der Guido, der nun vor mir stand, sah inzwischen aus wie ein Glückskeks, auf den jemand draufgetreten ist. Er guckte ziemlich zerbröselt, als er von Lotta erzählte.

Guido hatte es hundertprozentig erwischt, Lotta aber offenbar nicht mal fünfzigprozentig: Sie fuhr nicht so richtig auf seine Annäherungsversuche ab. Guido textete sie per SMS voll, bekam aber nur auf jede zweite seiner Nachrichten eine Antwort. Er schrieb Kurzromane, sie Einzeiler wie: »Ja, war nett. Bis bald, Lotta.«

Musste ich mir alle angucken, ihre Antworten. Guido hielt mir etwa eine Stunde lang sein iPhone unter die Nase: »Guck, da hat sie dieses geschrieben und hier jenes … und schau mal, da hat sie einen Smiley druntergesetzt, ist das nicht süß?«

Nun ja.

Guido wurde mit jedem Bier lauter. Er trank siebeneinhalb Kölsch, dann schmiss er sein Glas um, als er mit den Armen ausholte, um ein großes Herz in die Luft zu malen, das mir zeigen sollte, wie doll verliebt er war.

»Ey, Guido«, nölte Karl, als er die Kölsch-Pfütze vom Tresen wischte.

»Häh«, krächzte Guido, der nicht einmal mitbekommen hatte, dass er sein Glas unfreiwillig geleert hatte. Ein Mann im Lotta-Liebes-Rausch. »Mist, Jens«, meinte er in einem offenbar klaren Moment, »so weit ist es schon mit mir gekommen.«

Doch es kam noch schlimmer. Ich nickte Karl zu und gab ihm zu verstehen: Gib dem Guido mal noch eins, ich schaffe den schon nach Hause!

Und dann schlürfte Guido sein Kölsch auf ex weg, während ich einen schlechten Scherz machte: »Lotta. Klingt wie eine Kommode von Ikea. Quatsch, die *ist* wie eine Kommode von Ikea: An der musst du ewig rumschrauben.«

Hin und wieder treffe ich mal einen Witz, aber dieser war mir eher peinlich. Wie vorhersehbar, bei einer Schwedin mit Ikea zu kommen! Doch Guido lachte lauter als das prall gefüllte Berliner Olympiastadion bei einer Vorstellung von Mario Barth.

Heiliger St. Pilsius, betete ich, lass mich nie so besoffen sein.

Ich hielt mich an meinem Wasser fest und sah zu Karl hinüber, der – ein guter Wirt – auch nichts getrunken hatte. Die Rechnung bitte, sagte mein Blick. Ich bezahlte für uns beide und schob Guido raus aus der Bar.

»Schatz«, sagte ich, »wir gehen jetzt heim.«

Guido maunzte.

»Wo ist Lotta? Ich will Lotta.«

Mir fiel ein, dass es ein Buch von Astrid Lindgren gab, *Lotta aus der Krachmacherstraße* oder so ähnlich. Sina hatte mir mal davon erzählt, es klang wie die Mädchen-Version von *Michel aus Lönneberga*, dem kleinen Rocker, den ich als Kind sehr verehrt hatte. Lotta war fünf Jahre alt, hatte zwei doofe Geschwister, die ihren Teddy verhauten, und eine blöde Mutter, die ihr kratzige Pullover anzog, die die Oma gestrickt hatte. Also beschloss Lotta: Ich ziehe von zu Hause aus. Sie traute sich nicht viel weiter als Michel in seinen Schuppen – Lotta nistete sich bei der Nachbarin ein, einer halbwegs netten Tante, die sie in Ruhe vor sich hin leben ließ. Lotta fand das erst mal super, doch bald fühlte sie sich einsam; vor allem nachts, im Dunkeln. Eines Abends tauchte ihr Vater auf, gab ihr einen Gutenachtkuss und fragte ganz lieb: Lotta, magst du nicht wieder nach Hause kommen? Und Lotta mochte.

»Guido«, sagte ich, als ich den armen Kerl vor seiner Wohnung absetzte, »hab Geduld. Mach der Lotta mal keinen Stress. Die kommt schon, wenn sie will.«

»Hicks«, machte Guido, einen hübschen Schluckauf im Hals. »Mmmmeinsssssste?«, lallte er.

Ich schloss Guido die Wohnungstür auf und bugsierte ihn hinein. Er torkelte durch seinen Flur, der etwa so breit ist wie ein Smart und damit nicht halb so »breit« wie Guido: Der prallte erst links gegen die Wand, dann rechts, dann wieder links. Ich machte mir ein bisschen Sorgen, ging hinterher und steuerte ihn zu seinem Bett. Guido fiel sofort hinein. Und ich ging.

Auf dem Weg nach draußen schrieb ich ihm eine SMS, die ich mir leider nicht verkneifen konnte: »Guido, mein Freund! Hoffe, so Kölsch-geschwängert bist du niemals vor Lotta aufgetreten. Sonst wundert mich gar nichts. Nacht!«

Es dauerte etwa dreißig Stunden, bis Guido antwortete: »Halt's Maul, Bier-Spasti.«

Keine dreißig Sekunden später aber schickte er noch eine SMS hinterher: »Meinte ich nicht so. Danke fürs Zuhören gestern. Können wir uns mal nüchtern unterhalten? Glaube, ich würde gern deine Diät ausprobieren. Sollte jedenfalls weniger trinken.«

Am nächsten Tag trafen wir uns nach der Arbeit auf einen Kaffee.

Ich lachte ihn aus: »Wo willst du denn abnehmen, Guido? Willst du aussehen wie diese Strichmännchen, die bei Modenschauen über den Laufsteg segeln, leicht, wie die sind?«

Aber Guido sagte, er meine es ganz ernst: »Ich finde, ich habe am Bauch etwas zugelegt. Ist dir das nicht aufgefallen, vorgestern unter der Dusche? 2 Kilo weniger könnten es schon sein. Mit Kölsch im Übermaß wird das nichts, aber ganz ohne Bier kann ich auch nicht. Vielleicht muss auch nur einfach irgendwas passieren, das mich über Lotta hinwegtröstet. Offenbar brauche ich ein blödes Erfolgserlebnis. Also, Diät-Papst?«

Ich konnte nicht behaupten, dass mir an seinem Bauch etwas aufgefallen war. Ich fragte ihn, ob es ihm nicht eigentlich darum ginge, Lotta mit der Bier-Diät zu beeindrucken. Aber dann zog Guido sein Hemd hoch, und tatsächlich – da war der Hauch eines Röllchens zu erkennen.

»War vielleicht ein bisschen viel Schokolade. Vor Frust«, sagte er.

Schau an, dachte ich. Frust bei meinem Windkanal-Gute-Laune-Freund. Ist eben auch nur ein Mensch. Also gut, wenn ich helfen kann.

»Es ist ganz einfach, Guido«, sagte ich. »Iss ab jetzt einfach die Hälfte und lass noch mal die Hälfte davon weg. Trink stattdessen ein Bierchen. Vollbreit wie gestern wirst du so nicht, aber ich habe dir ja schon gesagt: Es geht dir auch nicht schlecht damit. Und ich bin mir sicher, Lotta wird dich lieben!«

Das war gelogen, aber geschenkt, ein bisschen Motivation brauchen wir alle. Und vielleicht hatte ich ja Glück und Miss Schweden würde sich Guidos erbarmen, wenn er ihr etwas von der Bier-Diät unter die hübsche Nase rieb?

—

Am darauffolgenden Mittag hatte ich ein Dienstessen. Es fand in einem italienischen Restaurant statt, wo ein Kunde für uns reserviert hatte und nun groß auffahren ließ: Wir bräuchten nicht bestellen, es sei alles schon arrangiert, hieß es. Und dann stand auch schon eine Antipasti-Platte auf dem Tisch. Mit Paprika, Zucchini, Champignons und Auberginen, die zwei Monate in Öl eingelegt gewesen sein müssen, so sehr trieften sie. Es folgte eine Nudelplatte mit vier verschiedenen Pasta-Sorten und fettäugigen Saucen. Etwas in meinem Kopf kam durcheinander. Ich dachte plötzlich, dass die italienische Küche die schlimmste Ernährungsweise sein muss, die es gibt: Pasta, Pizza, Öl – das waren doch alles nur Kohlenhydrate mit Fett.

Ich überlegte, ob Italiener besonders dicke Menschen seien, doch außer Luciano Pavarotti und Bud Spencer kamen mir in dieser Kategorie nicht viele in den Sinn. Stattdessen sah ich vor meinem inneren Auge Terence Hill, Eros Ramazotti, Luca Toni, Giorgio Armani, Sophia Loren, die Weiber von Berlusconi. Bella Donna!

Die Italiener erschienen mir kein besonders fettes Volk zu sein, aber irgendwie bekam ich das mit ihrem Speiseplan nicht zusammen.

Nach dem Dienstessen, bei dem ich mich höflich zurückhielt, suchte ich im Internet nach »Italiener + gutaussehend«, doch irgendwie war das nicht sehr ergiebig. Ich landete in einem Forum der guten alten »Brigitte«, der Frauenzeitschrift, die meine Mutter seit etwa fünfzig Jahren abonniert hat, wo es um die Frage ging: Flirten Italiener anders als Deutsche? Dort vernahm ich, dass Italiener und Franzosen angeblich die besten Liebhaber seien – laut einer »Brigitte«-Umfrage.

»Die Südländer flirten mit den Fingern«, schrieb jemand.

Klar, dachte ich, wie Berlusconi, der ja schon einen Tennisarm haben muss vom Weiber-Heranwinken. Und wer so viel Knoblauch isst wie die Italiener, hält besser den Mund.

Eine andere Frau schrieb, sie habe eine »Zwei-Monats-Affäre mit einem Italiener« hinter sich, der am Ende gejammert habe, »dass er nie wieder so eine tolle Frau wie mich treffen würde. Na ja, vermutlich abgesehen von seiner Mutter, die jeden Morgen pünktlich um 9 Uhr angerufen hat.«

Ich fragte mich, ob das bei Silvio im Präsidentenpalast auch immer so gewesen ist. Und merkte, dass ich ein bisschen Internet-müde war. Also rief ich Dr. Manfred Jung an, meinen Ernährungsberater, und fragte, was es mit den Italienern und ihrer Ernährung auf sich hatte.

»Das sind alles hübsch dünne Figuren, die Sie

sich da aus den Medien herausgesucht haben, Herr Bujar«, sagte Herr Jung. »Auf die geben Sie mal besser nicht so viel. Denn die Italiener sind in Sachen Körpervolumen auf dem besten Weg, sich weg von Eros Ramazotti und hin zu Luciano Pavarotti zu entwickeln.«

Meine Gedanken waren also gar nicht verkehrt. Es ist nämlich so, wie mir mein Ernährungsberater erklärte: Die mediterrane Küche ist reich an Kalorien, und inzwischen macht sich das auch bemerkbar. Früher fiel das nicht so auf, als die Lebensumstände noch andere waren. In den fünfziger Jahren des vergangenen Jahrhunderts galten die Italiener und auch die Spanier durchaus als schlankes Völkchen. Doch damals verrichteten sie vor allem körperliche Arbeit, da schufteten die Bauern auf dem Feld und verbrannten noch ordentlich etwas. Heute wird die Ziegenmilch in Fabriken abgefüllt, wo nur noch ein paar Schalter betätigt werden müssen – und der Kalorienverbrauch ist bei weitem nicht mehr so hoch wie einst.

»In Italien, aber vor allem in Spanien, wird seit Mitte des 20. Jahrhunderts eine extrem hohe Wachstumsrate in Sachen Verfettung registriert, verglichen mit dem Rest des Kontinents«, sagte Dr. Jung und zitierte irgendein sehr bürokratisch klingendes EU-Papier.

Auweia, dachte ich, denn mir war gerade so nach Süden: Sina und ich hatten ein langes Wochenende auf Mallorca gebucht. Über einen der berühmten Brückentage, den ich allerdings nicht mehr auf dem Schirm gehabt hatte, wie ich feststellten musste, als wir am Flughafen Köln-Bonn ankamen. In der Abflughalle ging es zu wie in einem touristischen Ameisenhaufen. Ich fragte Sina, was denn hier los sei.

»Mensch, Jens«, sagte Sina, »morgen ist doch Himmelfahrt.«

Also Vatertag. Oder auch Herrentag. Ein Feiertag, den die Bier-Industrie erfunden hat, wie ich vermutete. Ich kannte jedenfalls Geschichten von Männern, die ihre Kinder nur deshalb gezeugt hatten, um an diesem Tag mit pilsbeladenem Bollerwagen durch die Gegend ziehen zu können und sich ausgiebig zu betrinken, wie es in meiner westfälischen Heimat Brauch war. Ich hatte sogar Freunde, die sich eines Spendenpatenkindes in der Dritten Welt angenommen hatten, weil sie meinten, das würde sie an Himmelfahrt befähigen, es den echten Vätern gleichzutun. Eines aber hatten sie alle gemeinsam, und das war der dicke Schädel am nächsten Tag, der natürlich nur mit einem sogenannten Konterbier zu bekämpfen war.

Ich fuhr lieber mit gutem Gewissen nach Mallorca. Den neuen Body am Beach vorzeigen! Sina und ich flogen mit einer Chartergesellschaft, die sich die unfreundlichsten Flugbegleiter der Welt leistete, die mürrisch dreinblickend Gemüselasagne verteilten.

Serviert in Aluschüsseln, die mich an Pepes Hundefutter-Verpackung erinnerten. Ich lehnte dankend ab.

Wir landeten schließlich auf Mallorca, und kaum saßen wir am Strand, sah ich Bäuche, bei denen ich früher gedacht hätte: Da trinkt aber jemand viel Bier! Heute war ich mir da nicht mehr so sicher. Ich überlegte, T-Shirts zu entwerfen, auf denen stand: »Kohlenhydrate formten diesen schönen Körper.«

Sina machte Fotos, und ich war ziemlich stolz, dass ich zum ersten Mal seit langer Zeit auch Bilder zuließ, auf denen nicht nur mein Kopf zu sehen war. Endlich brauchte ich keine Kuhle mehr zu buddeln, wenn ich mich auf den Bauch legte. Dafür verbrannte ich mir zwar den Rücken, doch geschenkt.

Am Abend führte ich Sina aus. Wir gingen in eine Tapas-Bar, und dort fiel mir auf, was das Gute am spanischen Essen ist – dass es keine versteckten Fette und Kalorien gibt, weil alles so offensichtlich dick macht. Ich brauchte mein iPhone gar nicht zu bemühen, als man mir Datteln im Speckmantel anbieten wollte, die im Öl nur so schwammen. Ich bestellte ein paar Gambas, dazu ein Salätchen und ein schönes Cerveza, dann schrieb ich eine E-Mail.

Von: Jens Bujar

Datum: Freitag, 03. Juni 2011, 20:12 Uhr

An: Ulrike von Bülow

Betreff: Strandfigur

Hallo schöne Frau! Sina und ich sind gerade ein paar Tage auf Mallorca – und rate mal, wer sich munter an den Strand traut: der Jens! Kurz zur Info: Habe inzwischen 8 Kilo abgenommen (A-C-H-T!) und wiege nur noch zarte 86 Kilo und 235 Gramm ☺

Darauf ein Bier. Salud!
Jens

Von: Ulrike von Bülow
Datum: Freitag, 03. Juni 2011, 22:03 Uhr
An: Jens Bujar
Betreff: RE: Strandfigur

Gibt's ja nicht: Liege auch gerade am Strand! Auf Sandy Hook, so einer Land- bzw. Sandzunge, die aus New Jersey herausragt. Fährt ein Schnellboot hin, dauert nur fünfundvierzig Minuten von Manhattan aus. Super! Einziges Problem: Baywatch müssen sie woanders gedreht haben, hier ist der Strand voll mit heftig behaarten Typen, gegen die Balu der Bär streichholzdünn ist. Aber alle trinken Bier, ohne dass die Dosen in braunen Papiertüten versteckt sind wie in New York. Anderer Bundesstaat, in dem das mit dem »No Public Drinking« offenbar nicht so ernst genommen wird. Ich wander aus nach New Jersey … So eine Dose Heineken sieht nackt doch besser aus als verkleidet.
Cheers! Und grüß Sina schön.
u.

Von: Jens Bujar
Datum: Freitag, 03. Juni 2011, 22:22 Uhr
An: Ulrike von Bülow
Betreff: RE: RE: Strandfigur

Du trinkst Bier aus der DOSE? Mach mich nicht schwach! Wo gibt's denn das noch? Das vermisse ich! Was klang das sexy, wenn wir früher zu Beginn eines Fußballspiels alle unsere Bierbüchsen aufgemacht haben – mit einem Zischkonzert! Musik in meinen Ohren. Aber dann kam das blöde Dosenpfand und verbannte das gute alte Zzzzzzzsch-Geräusch aus unseren Wohnzimmern. Danke, Jürgen Trittin!

In der Nacht träumte ich, ich sei Bagheera, der schlanke, schwarze Panther, und hätte mit Balu dem Bären ein Aerobic-Studio eröffnet. Im Dschungel. Zu unserer Kundschaft zählte das Michelinmännchen, das aussah, als habe man die Luft aus seinem Reifen-Körper gelassen. Und Kate Moss, die behauptete, mit der »Kokain-Diät« 5 Pfund abgenommen zu haben, was an ihrem bügelbrettartigen Körper aber nicht weiter auffiel. Um sie herum scharwenzelte Jürgen Trittin und fragte, ob ihre Diät auch in umweltfreundlichen Dosen konsumiert werden würde.

Jens' kleines Reise-Wörterbuch
»Prost« in zehn Sprachen

Englisch:	Cheers!
Spanisch:	Salud!
Französisch:	Santé!
Italienisch:	Salute!
Holländisch:	Proost!
Schwedisch:	Skål!
Polnisch:	Na zdrowie!
Russisch:	Vashe zdorovie!
Arabisch:	Shereve!
Japanisch:	Kanpai!

»Noch ein Bier bitte« in zehn Sprachen

Englisch:	One more beer please.
Spanisch:	Dame otra cerveza, por favor.
Französisch:	Une autre bière s'il vous plait.
Italienisch:	Una nuova birra per piacere.
Holländisch:	Een biertje, alsjeblieft.
Schwedisch:	En mer öl, tack.
Polnisch:	Po prosze, jeszcze jeden piwo.
Russisch:	Odno bolsche piwa, paschalusta.
Arabisch:	Ahad jadid bira min fadlik.
Japanisch:	Mou hitotsu no biru onegai shimasu.

KAPITEL ZEHN

Ich setzte meinen kulinarischen Erkundungstrip fort. Nach allem, was ich über die italienische und die spanische Küche gelernt hatte, ging ich über die europäischen Grenzen hinaus. Ich kam auf die japanische Küche, die ich bisher nur in Sushi-Form zu mir genommen hatte, auf das ich aber nicht besonders abfuhr. Wenn ich Algen wollte, fuhr ich an die Ostsee, aber nicht ins Restaurant. Doch nun sah ich eine Dokumentation über die Japanmakaken, putzige Äffchen mit roten Schnauzen, die ausschließlich mit Brüll-Lauten und Gesichtsausdrücken kommunizieren, also wie Menschen nachts um vier in der Disko.

Ich erfuhr, dass die Makaken semiterrestrisch sind, das heißt, sie halten sich auf Bäumen auf, aber auch auf dem Boden. Generell sind Weibchen häufiger auf dem Baum zu finden und die Männchen auf dem Boden – wie bei uns Menschen, nur dass unsere Weibchen lieber an die Decke gehen als auf den Baum. Während der Paarungszeit bilden Weibchen und Männchen ein kurzlebiges Paar: Sie bleiben im Durchschnitt 1,6 Tage zusammen. Vermutlich sind die Scheidungsanwälte unter den Makaken verdammt reiche Affen.

Diese netten rotgesichtigen Tierchen erinnerten mich ein bisschen an Japaner beim Biertrinken. Ich war mal in Tokio, wo wir mit japanischen Geschäftsleuten zu tun hatten, die uns anders als die Kollegen in Amerika abends kein Saufgelage mit anschließendem Stripschuppen-Besuch aufzwingen wollten: Sie schleppten uns lieber gleich in einen Stripschuppen, wo sie sich zwei Stunden lang an einem einzigen Bier festhielten, vermutlich, weil sie Angst hatten, das Gesicht zu verlieren. Denn, so lernte ich: 46 Prozent der Japaner fehlt ein Enzym namens Acetaldehyd-Dehydrogenase, das im Volksmund aber nur ALDH genannt wird, denn wer kann oder will schon Acetaldehyddehydrogenase aussprechen?

Dieses Enzym hilft, den Alkohol im Körper unschädlich zu machen, ihn also abzubauen. Und Japaner, denen es an ALDH mangelt, bekommen einen knallroten Kopf und fangen an zu schwitzen, wenn sie Alkohol zu sich nehmen – Symptome, die ich bei mir auch schon manchmal beobachtet habe, allerdings erst nach sehr, sehr fortgeschrittenem Alkoholkonsum (der, liebe Mutter, aber natürlich so gut wie nie vorkommt).

Mir tat das ein bisschen leid, denn die Japaner machen kein schlechtes Bier: Sapporo oder Kirin schmecken schließlich wie ein mitteleuropäisches Standard-Pils. Schade also, dass viele von ihnen aussehen wie die Makaken, wenn sie zwei davon zu sich nehmen.

Ich dachte über ausländische Biergewohnheiten nach und schrieb eine E-Mail.

Von: Jens Bujar
Datum: Dienstag, 07. Juni 2011, 18:12 Uhr
An: Ulrike von Bülow
Betreff: Andere Länder, andere Sitten

Sag mal, wie heißt noch mal dieses komische Teil, das die Amis erfunden haben, bei dem das Bier sich sozusagen automatisch von ganz allein einfüllt? Weißt du, dieses Ding, wo das Bier von unten in die Gläser reinläuft, damit im Stadion nicht mehr zwanzig Leute zapfen müssen?
Lg, Jens

Von: Ulrike von Bülow
Datum: Dienstag, 07. Juni 2011, 18:43 Uhr
An: Jens Bujar
Betreff: RE: Andere Länder, andere Sitten

Im Zusammenhang mit Amerikanern vom Zapfen zu sprechen, finde ich sehr mutig, Jens. Ich nenne es Bier verschütten, was die hier machen. Egal ob im Yankee Stadium, dem Madison Square Garden oder in der Pinte bei mir um die Ecke – ständig siehst du Leute, die eine Wanne unter dem Zapfhahn stehen haben, für Unmengen von Bier, das sie aus den Gläsern überlaufen lassen, bis garantiert kein Schaum mehr übrig bleibt. Ich weiß schon, warum ich hier nur Flaschenbier trinke ☺

Das Teil, was du meinst, heißt »Bottom Up Beer Dispenser«: Da kannst du vier Becher gleichzeitig volllaufen lassen, indem du über ein Ventil im Becherboden das Bier von unten nach oben einlaufen lässt. Nimmst du den Becher hoch, schließt sich das Ventil. Schneller geht es angeblich nicht: Die Firma, die das Ding erfunden hat, meint, damit einen Weltrekord im Zapfen aufgestellt zu haben – 56 Biere in einer Minute. Die spinnen, die Amis!

Aber wie kommst du jetzt darauf?

....

Von: Jens Bujar
Datum: Dienstag, 07. Juni 2011, 19:08 Uhr
An: Ulrike von Bülow
Betreff: RE: RE: Andere Länder, andere Sitten

Überlege gerade, wo und wie ich schon mal Bier getrunken habe. Im Ausland.
Die Skandinavier haben auch so 'ne Macke, nur andersrum: Die haben eine automatische Sperre in ihren Zapfhähnen, da kontrolliert nicht der Zapfer, wie viel Bier ins Glas kommt, sondern der Hahn. Da drückst du einen Knopf, dann kommen 0,3 Liter raus – und kein einziger Tropfen mehr. Damit niemand bescheißen kann, weil die Steuern auf Alkohol da so hoch sind. Deswegen trinken die ja auch so viel: Die sagen sich, halb besoffen sein ist rausgeschmissenes Geld! Echt, wenn Skandinavier trinken, dann richtig! Ich war letztes Jahr ein paar Tage

in Stockholm – mein lieber Scholli. Da konnte ich nicht mithalten, bei dem, was die Kollegen weggehauen haben. Wollte ich auch gar nicht, weil 'ne Flasche Carlsberg inner Kneipe 6 Euro gekostet hat. Aber weißt du, was »Bierbauch« in Skandinavien heißt? »Ölmage«. Das fand ich lustig!

Von: Ulrike von Bülow

Datum: Dienstag, 07. Juni 2011, 19:31 Uhr

An: Jens Bujar

Betreff: RE: RE: RE: Andere Länder, andere Sitten

Das find ich auch lustig! Muss aber hart sein, wenn man so ein Säufer-Image hat wie die Schweden. Manchmal bin ich mir bei unserem Ruf auch nicht so sicher.

Gestern Abend war ich im *Momofuku*. Weißt du noch, das abgefahrene Restaurant bei mir um die Ecke mit den leckeren Pork Belly Buns, diesen kleinen Brötchen mit dem gerösteten Schweinebauch? Ich saß da am Tresen, wollte mir gerade zwei von den Dingern und ein Bier bestellen, als plötzlich ein neuer Kellner vor mir stand – und ich vom Hocker rutschte: Stell dir den jungen Alain Delon vor, mit südamerikanischem Einschlag. Zum Niederknien!

Hab ich mich natürlich gleich rangeschleimt und gefragt: »Where are you from?« Sagte der: »Kolumbien.« Und dann hörte ich mich sagen: »Wird bei euch auch Bier getrunken oder nur gekokst?« Kurzer Killer-Blick, dann meinte er: »Wo kommst du denn her?« Sagte ich: »Ger-

many.« Dann er: »Gegenfrage: Wird bei euch auch gekokst oder nur Bier getrunken?«
Und dann erzählte der gute Junge, dass er mal auf dem Oktoberfest gewesen sei und ganz schön gestaunt habe, was Menschen so wegtrinken könnten. Und dann sagte er noch, dass es sehr, sehr traurig sei, dass alle immer nur weißes Pulver mit seinem Land verbinden würden. Aber da hab ich ihn getröstet: »Hey, ihr habt doch noch Shakira!«
Und nun rate mal, wo ich heute Abend verabredet bin – im *Momofuku*. Natürlich ganz zufällig.
So, und jetzt möchte ich gern noch wissen: Wie geht es denn deinem Ölmagen? Dein Gewicht bitte!

Von: Jens Bujar
Datum: Dienstag, 07. Juni 2011, 20:12 Uhr
An: Ulrike von Bülow
Betreff: RE: RE: RE: RE: Andere Länder, andere Sitten

Top! Hab 8,75 Kilo abgenommen. Wiege jetzt 85 Kilo und 484 Gramm. Pass mal schön auf, wir sehen uns bald in New York! Dann mache ich den Kolumbianer für dich klar. Gute Nacht!

Jens' Bier-Alphabet: R bis Z

➪ R wie Reinheitsgebot

Der 23. April ist der Tag des deutschen Bieres – zur Erinnerung an das Deutsche Reinheitsgebot, das am 23. April 1516 vom bayerischen Herzog Wilhelm IV. in Ingolstadt erlassen wurde. Der Erlass galt nicht nur der Bekämpfung von Bierpanscherei, sondern sollte vor allem eine akute Lebensmittelknappheit verhindern. Da es immer wieder zu Engpässen in der Getreideversorgung kam, wurde den Brauereien verboten, ein anderes Getreide als Gerste zu verwenden, das zum Brotbacken ungeeignet war. Daher besagte die früheste Version, dass zur Herstellung von Bier nur Gerste, Hopfen und Wasser verwendet werden dürfen. Später wurde eingefügt, dass es sich um Gerstenmalz handeln muss, und noch etwas später wurde Hefe zum Brauen genehmigt. Die Herstellung von Weizenbier war dagegen erst ab dem frühen 19. Jahrhundert wieder gesetzlich erlaubt. Das Reinheitsgebot ist das älteste noch gültige Lebensmittelgesetz der Welt, es ist wie das Amen in der Kirche – immer da. Bis heute gilt daher bei uns: Bier darf in der Bundesrepublik Deutschland ausschließlich aus Malz, Hopfen, Hefe und Wasser hergestellt werden. Das Reinheitsgebot verbietet alle anderen Zusatzstoffe. Und dass das eine gute Sache ist, weiß jeder, der mal ein amerikanisches Ale aus Pennsylvania getrunken hat, das so schmeckt, wie es bei Douglas riecht: furchtbar parfümiert.

⇨ S wie Stammtisch
Wird gern als Sitzgruppe konservativer Sprücheklopfer angesehen, ist aber in vielen Teilen Deutschlands noch immer eine gepflegte Tradition. Und wenn man mal ehrlich ist, ist es auch nichts anderes, jedes Wochenende in der Szenekneipe die immer gleichen Szeneleute zu treffen, um dann beim Szenebier über die immer gleichen Szenethemen zu sprechen.

⇨ T wie Treibstoff
Wer kennt es nicht, das Problem, dass mit dem Biergenuss der Harndrang einsetzt und im Laufe des Abends gewiss nicht weniger wird. Das liegt daran, dass Bier hypotonisch ist. Das heißt, Bier entzieht dem Körper Flüssigkeit und Mineralien. Wer 1 Liter Bier trinkt, der trennt sich auf der Toilette von 1,05 Litern

Flüssigkeit. Daher kommt am nächsten Morgen auch der sogenannte Nachdurst. Das beste Mittel dagegen lautet: zwischendurch einfach mal ein Glas Wasser trinken. Das macht es allerdings auch nicht besser, wenn man in der langen Schlange vor dem Party-Klo die treibende Wirkung des Bieres so richtig zu spüren bekommt.

⇨ U wie Untergärig

Untergärig nennt man jenes Bier, das mit untergäriger Hefe hergestellt wird. Untergärige Hefe setzt sich im Laufe des Gärungsprozesses am Boden des Gärbottichs (oder Gärtanks) ab. Sie wird bei der Mehrzahl der Biersorten verwendet, wie zum Beispiel beim Pils, Lager, Export, Bock, Doppelbock, Märzen und Hellem. Da der Gärungsprozess bei Temperaturen von 4 bis 9 Grad erfolgen muss, kennt man diese Brauart erst seit 1876, als die Kältemaschine erfunden wurde. Nimmt man eine andere Hefeart, die wärmer vergoren wird und sich oben im Gärbottich sammelt, spricht man von obergärigem Bier. Darunter fallen beispielsweise Weizenbiere, Roggenbiere, Altbier und britische Ales.

➯ V wie Verbrauch

Mit dem Bierverbrauch ist es wie mit dem Fußball: Wir sind derzeit Europas Vize-Champions. Die Deutschen liegen beim Bierkonsum mit 109 Litern pro Kopf und Jahr auf Platz zwei hinter den offenbar sehr durstigen Tschechen, die mit 159 Litern pro Jahr fast ein Drittel mehr trinken. Auf Platz drei folgt Österreich (106 Liter), vor Irland (91 Liter), Slowenien (88 Liter), Finnland (87 Liter, da wird vermutlich mehr Wodka getrunken), Luxemburg (85 Liter), Estland (85 Liter), Polen (85 Liter) und Litauen (83 Liter).

➯ W wie Warmes Bier

Warmes Bier steht als Hausmittel hoch im Kurs. Ob es wirklich hilft oder nur ein Vorwand ist, um auch krank einen heben zu können, ist umstritten. Wer es gut mit dem warmen Bier meint, sagt, dass Hopfen ätherische Öle und Bitterstoffe enthält, die antibakteriell wirken und Krankheitserreger abtöten. Außerdem wirkt Hopfen schlaffördernd. Allerdings darf man das Bier nicht über 40 Grad erhitzen, sonst werden »die heilenden Stoffe« zerstört. Wenn aber bei der nächsten Party der Kühlschrank mal wieder überfordert und das Bier handwarm ist, dann kann man sich wenigstens damit trösten, den einen oder anderen bösen Keim im Körper abzutöten.

⇨ X wie XX

XX oder Dos Equis (auf Deutsch: zwei X) ist ein beliebtes Bier in Mexiko. Es stammt aus einer Brauerei namens Moctezuma, die 1884 von einem deutschen Emigranten gegründet wurde: Wilhelm Hass. Damals bauten deutsche Unternehmer Brauereien in aller Welt. Eine davon ist die Tsingtao-Brauerei in China, heute die größte Brauerei des Landes und die zehntgrößte der Welt mit Exporten in 50 Länder. Gegründet wurde die Brauerei 1903 – von deutschen Siedlern unter dem Namen »Germania-Brauerei«.

⇨ Y wie Y-Chromosom

Das Y-Chromosom steht für die männlichen Vertreter unserer Spezies. Und Bier ist eher ein Y-Getränk und damit in der Männerwelt angesiedelt. Wer fleißig Werbefernsehen schaut, weiß das: In den Bierspots wirken Frauen entweder als freche Thekenkräfte oder als mögliche Abschleppobjekte. Gern würde man mal einen Spot sehen, in dem vier total scharfe Bräute auf einem Segelboot durch die Ägäis schippern und sich in jedem Hafen einen Lustknaben halten, der ihnen ein paar Kisten Bier an Bord schleppt. Aber so weit wird es vermutlich nie kommen, denn die Statistik spricht eine deutliche Sprache, an wen die Werbung sich zu richten hat: Deutsche Männer verzehren pro Jahr und Kopf 92,3 Liter Bier, deutsche Frauen dagegen nur 14,2 Liter Bier; das sagt zumindest die Nationale Verzehrstudie.

⇨ Z wie Zeug

So nennen die Braumeister die Hefe: Zeug. Klingt ein bisschen abfällig, ist aber nicht so gemeint. Der Begriff kommt aus einer Zeit, bevor die Wissenschaft Bakterien oder Pilze kannte. Man hatte schlicht keine Ahnung, was genau man da zum Gären hinzugab – wusste aber, dass es extrem wichtig war. Erst mit der Erfindung von Mikroskop und Co. entdeckte man, dass die Hefe ein Pilz ist. Sie wandelt beim Brauprozess den Malzzucker in Alkohol und Kohlendioxid um. Und lässt sich recyceln: Nach dem Brauvorgang wird die Hefe wiederaufgearbeitet und kann so fünf- bis siebenmal verwendet werden.

Die nächste Zeit wurde hart, anders als erwartet: Es mussten noch 1,25 Kilo runter. Ich hatte zwar zuletzt stetig an Gewicht verloren – aber auch nicht wirklich über meine Deadline nachgedacht. Nun hatte mich die Dame in New York aber daran erinnert, dass das Ende unserer Wette nahte, die 5-Monats-Grenze. Ich ertappte mich dabei, dass ich ein bisschen unruhig wurde. Ich stellte mich etwa viermal täglich auf Bettina, hoffend, dass sie mich wieder ein Stück näher an mein Zielgewicht brachte.

Aber dann kam ein Tag, an dem ich laut Bettina kein zusätzliches Gramm mehr abgenommen hatte, obwohl ich mittags nur einen Salat gegessen und abends nicht mal ein Bier getrunken hatte. Ich starrte sprachlos auf meine Waage.

Sina kam herein und fragte, ob mit mir alles in Ordnung sei.

»Du siehst so traurig aus, Jens.«

Ich bat sie um einen Gefallen.

»Sag mir sofort, dass mir jetzt nicht die Luft ausgeht und ich es schaffe, rechtzeitig 10 Kilo abzunehmen. Weil ich der tollste Diät-Jens aller Zeiten bin.«

»Dir geht jetzt nicht die Luft aus, du schaffst es, rechtzeitig 10 Kilo abzunehmen. Weil du der tollste Diät-Jens alles Zeiten bist und ich noch nie im Sommer in New York war«, sagte meine Freundin und lachte.

Und dann knutschte sie mich. Und es wurde doch noch ein sehr netter Abend, an dem ich vermutlich sogar ein paar Gramm verlor; habe aber leider vergessen, noch mal bei Bettina vorbeizuschauen. Bin einfach eingeschlafen.

Am nächsten Morgen bekam ich ein Paket. Der Absender war mir fremd, darum sah ich im Internet nach und landete bei einem Landhotel in Brandenburg, das mit »Bierbädern« und »Bierkosmetik« warb. Ich öffnete das Paket. Obenauf lag eine etwas unpersönliche Karte, die mit Schreibmaschine getippt worden war. Die Worte, die ich darauf las, waren dann aber doch sehr persönlich: »Mach dich schön für New York. Freu mich auf ein Bier mit euch! Cheers, u.«

Ulrike hatte offenbar etwas für mich bestellt, online, und einen Grußtext hinterlassen, den die Herrschaften im Landhotel dann auf das Kärtchen übertragen hatten.

Ich packte das Paket aus, und es kamen ein paar Cremedöschen und Fläschchen zum Vorschein, die alle mit einer roten Aufschrift versehen waren: »Original Bier-Kosmetik«.

Da war die »Reichhaltige Aufbaucreme für die trockene und fettarme Haut«. Hatte ich die?

»Sina«, rief ich zu meiner Freundin, die in der Küche Kaffee kochte, »hab ich *fettarme* Haut? Kann nicht sein, oder?«

Sie kam zu mir in den Flur.

»Du bist das fettärmste Männchen, das ich je gesehen habe«, sagte sie und öffnete die Creme. »Lecker, riecht wie ein Pils. Rauf auf die Haut damit!«, forderte Sina mich auf und lachte.

Dann hielt sie mir die Dose unter die Nase. Ich fand, der Inhalt roch eher wie abgestandene Milch mit Bieraroma. Ein bisschen ranzig. Aber egal. Ich packte weiter aus. »Fettfreies Augenpflegegel« – das war bei mir dann wohl genau richtig.

»Aber was mache ich mit der milden Reinigungsmilch für die trockene Haut«?, fragte ich.

»Mir geben«, sagte Sina und nahm ein »Mildes Tonic für die trockene Haut« aus dem Paket.

»Das behältst du bitte für dich«, so meine Freundin. »Kannst du mit einem Gin trinken.«

Von: Jens Bujar
Datum: Sonnabend, 11. Juni 2011, 18:02 Uhr
An: Ulrike von Bülow
Betreff: Hicks

Hihi, ich bin total besoffen: Hab gerade einen Gin mit Tonic für die trockene Haut getrunken. Lecker!
Danke, tolles Paket. Probiert der Bier-Onkel alles aus. Hast du dem Kolumbianer auch etwas bestellt – ein kleines Koks-Peeling vielleicht?

Prösterchen,
Jens

Von: Ulrike von Bülow
Datum: Sonnabend, 11. Juni 2011, 20:14 Uhr
An: Jens Bujar
Betreff: RE: Hicks

Logo, und dann hab ich ihn damit eingerieben ☺

Halt dich fest: Wir waren gestern Abend tanzen. In so einem Latino-Schuppen in der Bronx. Ganz andere Welt. Egal, wie man da aussieht, egal, wie man sich da bewegt – alles nicht so schnöselig und aufgeregt wie in Manhattan. Großer Spaß! Nicht dass ich tanze, aber dann spielten sie da »White Lines« von Grandmaster Flash – und zack, war ich mit dem Kolumbianer auf der Tanzfläche.
Get higher, Baby!
And don't ever come down!

Noch Fragen?
Cheers, u.

Von: Jens Bujar
Datum: Sonnabend, 11. Juni 2011, 22:59 Uhr
An: Ulrike von Bülow
Betreff: RE: RE: Hicks

Jau: Wo ist der jetzt? Und mag der Kolumbianer denn nun Bier oder nur Koks?

Von: Ulrike von Bülow
Datum: Samstag, 11. Juni 2011, 23:10 Uhr
An: Jens Bujar
Betreff: RE: RE: RE: Hicks

Der nur Bier! Aber an das Jever in meinem Kühlschrank muss er sich noch gewöhnen: Ist ihm zu bitter. Trotzdem übt er jetzt zwei Worte in German: friesisch-herb. Allerliebst!

Von: Jens Bujar
Datum: Samstag, 11. Juni 2011, 23:31 Uhr
An: Ulrike von Bülow
Betreff: RE: RE: RE: RE: Hicks

Hat der Typ einen Namen?

Von: Ulrike von Bülow
Datum: Samstag, 11. Juni 2011, 23:44 Uhr
An: Jens Bujar
Betreff: RE: RE: RE: RE: RE: Hicks

Jau, ist aber auch so ein Kolumbien-Klischee, weil voll Escobar: Pablo!
Wir gehen jetzt mal ins Kino, »Midnight in Paris« von Woody Allen gucken, damit der Pablo versteht: Europäer trinken nicht nur Bier. Sondern auch le Vin. Bonne nuit!

Bei mir war es Midnight in Cologne – und ich war mit meinen Jungs auf Tournee, mit Christoph, Paul, Alex und Guido, der nölte, ich solle aufhören, E-Mails zu schreiben, und mein iPhone weglegen. Ich schob es in die rechte Tasche meiner Jeans, die ein bisschen schlabberte. Zwar nicht ganz so schlimm wie bei Justin Bieber, bei dem – aus modischen Gründen – der Schritt zwischen seinen Knien hängt, aber ich merkte doch, dass das eine oder andere Kilo um meine Taille herum verschwunden war.

Astreines Gefühl!

Und ich konnte es jetzt mit jemandem teilen: Guido erzählte, dass er in den vergangenen zwei Wochen abends höchstens ein Bier getrunken, dafür aber eine Menge Grünzeug gefuttert habe.

»Jens, ich weiß jetzt, wovon du sprichst. Schau dir mal meinen Bauch an!«, sagte er und lüftete sein Hemd.

Aber da war kein Bauch, da war etwas sehr Glattes, das aussah wie ein Tablett, auf dem man hätte fünf Bier servieren können.

Ich pfiff bewundernd. »Aber Vorsicht in den schwulen Läden hier, ja? Sonst bist du dran! Was sagt Lotta?«

Guido guckte gemischt: Da war ein Lächeln und gleichzeitig ein Hundeblick, der nach »Ich brauche ein Leckerli« aussah.

»Sagen wir so«, meinte Guido, »wir sind wieder in Kontakt. Sie fragte: Was machst du denn so? Und als ich sagte: Bier-Diät, da schrieb sie plötzlich: Oh, lass doch mal treffen. Wir sind jetzt nächste Woche verabredet, aber ich weiß gar nicht, ob ich das noch will. Die Alte hat mich eigentlich genug verarscht, oder?«

Was die Bier-Diät für einen klaren Kopf machte – toll!

Und dann grinste Guido und bestellte: »Erdnüsse für alle!« Aber da war ich raus. Konnte ich mir nicht erlauben, in meinem Diät-Zustand. Ein Bier ging noch, aber keine unnötigen Kalorien dazu.

Es war, als könne Guido meine Gedanken lesen. »Und ein paar Gurkensticks für meinen besten Freund hier!«, rief er.

Wir waren in irgendeiner komischen Bar in der Nähe des Hauptbahnhofs gelandet, keine Ahnung, warum. Dort gab es billiges Bier und eine Jukebox, in der ich nun einen ganz besonderen Song drückte: Frank Sinatra – New York, New York. Mein Diät-Bruder Guido verstand sofort.

»Wie viel Gramm noch?«, fragte er und grinste.

—

Das Schöne an den Situationen des Lebens, in denen etwas Neues, etwas Anderes geschieht – egal ob positiv oder negativ –, ist, dass man sie mit Menschen teilen kann, die mit einem durch dick und dünn gehen. In meinem Fall buchstäblich. Freunde eben.

Ich mochte diesen Abend, weil Guido und ich uns blind verstanden, und ich dachte: Toll, was für Jungs ich kenne. Ich glaube, dass die Bier-Diät meinen Bauch schärfte, vor allem aber mein Bewusstsein: Hier stand ich, der Jens, laut Bettina an diesem Tag 9,25 Kilo leichter als noch vor viereinhalb Monaten, und hatte einen lustigen Abend, ohne mich zu betrinken. Ich war bei meinem dritten Bier, als ich dachte: Die Nähe mit Christoph, Paul, Alex und vor allem Guido würde ich nach acht Bier nicht mehr spüren. Also bestellte ich ein Wasser. Und niemand machte deswegen einen blöden Spruch, es war inzwischen selbstverständlich, dass ich aus unseren Trinkgewohnheiten ausscherte. Ohne als Voll-Spaßbremse zu gelten.

Zudem regte ich die Herren offenbar zu ungeahnter Kreativität an, wie ich nun feststellte. Denn während ich an meinem Wasser nippte, griff Guido nach einer Plastiktüte, die er schon den ganzen Abend mit sich herumgeschleppt hatte. Er guckte Christoph, Paul und Alex an, die ihm zunickten.

»Gib's ihm«, sagte Christoph, woraufhin Guido etwas aus der Tüte herausholte – ein Geschenk, das mit diesem milchweißen Wachspapier verpackt war, in dem Metzger das Fleisch einrollen. Drum herum war eine kirschrote Schleife gebunden, an der ein pilsgelbes Kärtchen in Form einer Bierflasche baumelte. »Für unseren Diät-König«, stand darauf geschrieben. Ich machte die Schleife auf und packte das Geschenk aus – ein DIN-A5-großes Notizbuch, schwarz mit roten Ecken.

Ich schlug es auf und sah auf der ersten Seite eine Widmung: »Für dich, Jens. Ein kulinarisches Alternativ-Programm zur Bier-Diät. Wenn du mal wieder sündigen darfst. Frohes Kochen!« Darunter vier Unterschriften, in teils etwas krakeliger Schrift: Guido, Christoph, Paul und Alex.

Die Jungs hatten mir ein Buch mit Bier-Rezepten zusammengestellt, die sie teils aus dem Internet ausgedruckt, teils aus Kochbüchern herauskopiert und eingeklebt hatten – in mein erstes eigenes Kochbuch! Normalerweise haben wir Kerle es ja eigentlich nicht so mit originellen Geschenken, sonst würden wir nicht immer am 23. Dezember in der Parfümerie stehen und um eine Duft-Empfehlung für die Gattin bitten. Darum fand ich das Buch mehr als rührend. Ich wurde weich wie ein Stück Butter in der Sommersonne.

»Männer«, sagte ich, »prost – auf die Freundschaft.«

Ich hob mein Wasserglas. Vier Biergläser streckten sich mir entgegen. Wir stießen alle an – dann bestellte ich doch auch noch ein Pils. Und schaute mir die Bier-Rezepte genauer an.

Es war mir bisher nicht groß in den Diätsinn gekommen, dass man mit meinem Lieblingsgetränk auch kochen konnte, anstatt es nur zum Essen zu sich zu nehmen. Allerdings ließ ich besser die Finger davon, denn die Bierküche kam mir ziemlich kalorienbombig vor.

Da war die »Altdeutsche Biersuppe«, die mit einem halben Liter Pils angerührt wurde, aber leider auch mit einem Viertelliter süßer Sahne und vier bis fünf Esslöffeln Zucker. Außerdem sollte man beim Kochen »eine kleine Menge abtrennen, mit Mehl anrühren und dann wieder mit der kochenden Suppe verquirlen«, wie es hieß. Und weiter: »Dann nehmen Sie die Suppe vom Herd und legieren sie mit dem verquirlten Eigelb.« Leg... was?

»Weiß jemand, was legieren bedeutet?«

Guido, Christoph, Paul und Alex schüttelten im Quartett den Kopf.

Dann sagte Guido: »Ich schau mal nach.«

Er zog sein iPhone aus der Hosentasche und tippte darauf herum.

»Hier«, meinte er dann, »ich hab auf einer Kochseite ein Lebensmittellexikon gefunden. Da steht, dass eine Legierung ein Bindemittel ist. Ich lese mal vor: ›Beim Legieren gibt man ein Eigelb – eventuell mit Sahne vermengt – unter ständigem Rühren einer fertigen und nicht mehr kochenden Speise hinzu. Wird cremiger als mit Mehl gebundene Speisen, darf aber nicht mehr aufgekocht werden, da sonst der Dotter klumpen würde.‹ Merk dir das, Jens.«

Mir kam das ein bisschen zu kompliziert vor. Ähnlich wie das »Bier-Kartoffelgratin«, bei dem

Zwiebeln glasiert und die Kartoffeln mit Muskat und Kümmel gewürzt werden sollten. Außerdem triefte das Rezept so sehr vor Sahne und Butter, dass ich fand: Muss ich nicht haben. Kurz glaubte ich, mich mit den »Perlhuhnbrüstchen in Apfelbiersauce« anfreunden zu können. Etwas mit Obst – das klang für mich, als sei es nicht allzu fettig. Doch dann lautete es in der Anleitung: »Die Äpfel in Spalten schneiden, Butter in der Pfanne zerlassen, Zucker dazu, mit etwas Altbier ablöschen und die Apfelspalten darin glasieren.« Nee, dachte ich, ohne mich – ich trinke lieber Bier, als damit zu kochen. Ich orderte noch eine Runde für mich und meine Geschenkmacher.

—

Als ich vier Stunden später nach Hause torkelte, sah ich, dass noch eine E-Mail auf meinem iPhone eingegangen war. Das konnte um diese Uhrzeit nur die Frau aus New York sein, bei der es ja noch nicht ganz so spät war. Und tatsächlich.

Von: Ulrike von Bülow
Datum: Samstag, 11. Juni 2011, 03:04 Uhr
An: Jens Bujar
Betreff: Justin Timberlake needs you

Jens, mein Lieber, was ich vorhin vergessen habe, dir aber noch sagen wollte: War heute Vormittag im Nagel-

studio und hab mir die Füßchen lackieren lassen. Währenddessen blätterte ich in einem der Hochglanz-Magazine, die da herumliegen, und blieb bei einem Interview mit Justin Timberlake hängen.
Der hat einen Film gedreht, »Friends With Benefits«, der demnächst herauskommt. Dreht sich darum, dass er und seine beste Freundin anfangen, miteinander in die Kiste zu gehen. Offenbar gibt es ein paar heiße Szenen (gucke ich!), in denen der Justin nackig zu sehen ist – und vermutlich hübsch austrainiert. Jedenfalls wird er in dem Interview gefragt, wie er seinen Körper so super in Form gebracht hat. Sagt Timberlake: »Ich habe für den Film eine Diät gemacht, bei der es vor allem darum ging, kein Bier zu trinken. Aber Bier ist lecker, also war das ziemlich hart.« Da sage ich mal: Justin, arme Sau, das hättest du anders haben können! Besser! Sprich mal mit meinem Freund Jens!!
Vielleicht wirst du ja noch reich. Als Promi-Bierberater.

Von: Jens Bujar
Datum: Samstag, 11. Juni 2011, 04:12 Uhr
An: Ulrike von Bülow
Betreff: RE: Justin Timberlake needs you

Shcöne Frau, ruif den Jusitn an. Morgn.
Nahct, Jesn.

Als ich meine Mail am nächsten Morgen sah, die Buchstaben kreuz und quer, dachte ich: Jens, wenn du da mal nicht etwas übertrieben hast mit dem Alkohol. Zur Strafe machte ich den doppelten Satz an Sit-ups. Nicht dreimal zwanzig, sondern dreimal vierzig. Ich wollte einen Tablett-Bauch, so wie Justin Timberlake und mein Freund Guido ihn hatten! Den werde ich in seiner optimalen Form aber wohl niemals bekommen, weil ich von Haus aus ein bisschen weniger straff veranlagt bin als die beiden Herren, glaube ich. Hauttechnisch und so. Doch egal.

Am Abend ging ich eine Runde laufen. Als ich zurückkam, war Bettina ganz für mich da: Wieder ein Viertelkilo runter. Fehlten noch 50 Gramm, dann hätte ich 10 Kilo verloren. Ich beschloss, in Höchstgeschwindigkeit eine Fastenkur einzulegen: In den nächsten vierundzwanzig Stunden aß ich nichts außer Gurkensticks. Ich rannte aufs Klo wie ein Irrer – ich glaube nicht, dass ich am Ende des Tages noch einen Tropfen Wasser in mir hatte. Ich fühlte mich total ausgelaugt und dachte: Jens, du hast doch nicht mehr alle Diät-Tassen im Schrank. Bettina signalisierte mir Ähnliches: Der Quatsch brachte kaum etwas. Ich war nur 10 Gramm leichter geworden.

Ich entschied, mich zurück in meinen normalen Alltag zu begeben – und einfach wie immer weiter abzunehmen. Und plötzlich ging es ganz leicht.

Denn in den nächsten Tagen brach plötzlich ein dicker Haufen Stress im Job über mich herein, so dass ich kaum Zeit hatte, über meine Pfunde nachzudenken, die aber ja eh nur noch Pfündchen waren. Zwischen lauter Notfall-Konferenzen löffelte ich schnell mal ein Süppchen, für mehr war kaum Zeit. Abends saß ich dann zu Hause und bereitete mich auf die nächsten Sitzungen vor, indem ich mich durch blöde Unterlagen blätterte, die mir gründlich den Appetit verdarben und nur mit einem Hefeweizen zu ertragen waren.

Ich stellte fest: Ein Weizen auf nüchternen Magen reichte, und ich hatte einen sitzen. Ich brauchte kein zweites.

Ermattet fiel ich Nacht für Nacht ins Bett. Und wurde erst wieder munter, als der ganze Arbeitskram durch einen Gang auf die Waage in den Hintergrund gedrängt wurde. Und dieser Hintergrund war etwa so weit weg wie Timbuktu.

Denn dann war plötzlich klar: Es kam zu keinem Fotofinish, ich hatte unsere Wette sechs Tage vor unserer Fünf-Monats-Deadline gewonnen. Es war der schönste Sieg meines Lebens. Aber auch der teuerste.

Am Mittwoch, dem 22. Juni, stellte ich mich auf Bettina – und was leuchtete auf? Mein Zielgewicht! Ich las: 84 Kilo und 121 Gramm.

Für einen Moment starrte ich auf die elektronische Anzeige, sprachlos, dann hüpfte ich von Bettina herunter und jubelte wie Lionel Messi kürzlich nach seinem Zauber-Tor im Champions-League-Finale, mit dem er seinen FC Barcelona gegen Manchester United mit 2:1 in Führung geschossen hatte: Ich streckte die Arme nach vorn und ruckelte mit der linken Hand an meinem imaginären Trikot herum, während ich in die rechte Ecke unseres Badezimmers stürmte, wo ich glaubte, eine Eckfahne sehen zu können – und dahinter eine Tribüne mit rasenden Fans, vor denen ich meine Arme ausbreitete wie der Papst beim Segen.

»Schaut mich an, den Diät-Champion!«, rief ich.

Und dann stellte ich mir vor, wie meine Fans sangen: »Es gibt nur einen Jens Bujaaaar, es gibt nur einen Jens Bujaaaar, einen Jens Bujaaaaaaaaaaar, es gibt nur einen Jens Bujaaaar!«

Leider bemerkte ich sodann, dass ich bloß vor einer weißgetäfelten Badezimmerwand stand. Und niemand da war, mit dem ich hätte feiern können. Ich griff nach meinem iPhone, das ich neben Bettina auf einem Wäschekorb abgelegt hatte, und rief Sina an, die mit Pepe spazieren war.

»Sina, komm so schnell du kannst nach Hause«, rief ich.

»O Gott, ist etwas passiert?«, fragte sie besorgt.

»Ja«, sagte ich, »es gibt was zu feiern. Bring den Hund mit, der bekommt heute von mir zehn Extrawürste!«

Ich zog mir schnell meine Jogginghose an, ich hab da so eine olle graue Schlabberbüx, wie Gábor Király sie im Tor von Hertha BSC immer getragen hat. Und in der stürmte ich nun aus dem Haus. Ohne Schirm, obwohl es draußen dermaßen schiffte, dass meine Jogginghose in zehn Sekunden patschnass war und 10 Kilo zu wiegen schien.

Geiles Workout!, dachte ich, wenn ich mit der jetzt laufe, ist das, als hätte ich Gewichte an den Beinen. Das kann nur gut sein, dann nehme ich noch ein paar Gramm ab!

Und so rannte ich zu Angelo, unserem Feinkosthändler, wo ich völlig außer Atem ankam.

»Ah, ah, ah, Angelo ...«, japste ich.

»Nur ruhig, Jähääns, wasse isse los?«, fragte der. »Und warum du mache Riesenpfütze in meinäää Laden?«

Ich sah an mir herunter: Ich triefte wie Pepe nach einem ausgiebigen Bad im Rhein. Ich schüttelte mich dann auch wie ein Hund, Wasser spritzte auf Angelos Theke.

»Hast du Champagner, Angelo? Ich brauch dringend 'ne Pulle! Hab was Feines zu begießen.«

»Ach«, sagte Angelo, »hasse du gemacht söne Frau Heiratsantrag? Oder isse Bambini untärrrwägs?!«

»Besser«, sagte ich, »ich habe gerade eine Wette gewonnen.«

Angelo guckte, als verstehe er nur Bahnhof. »Non

capirci un tubo«, sagte er, aber ich hatte jetzt keine Zeit für große Erklärungen.

»Und zehn Würste für meinen Hund bitte«, sagte ich. »Eine für jedes Kilo, das ich verloren habe«, murmelte ich noch, aber mehr zu mir selber.

Und dann hatte ich eine Tüte in der Hand, darin eine Flasche Veuve Cliquot und jede Menge Fleisch für Pepe. Ich rannte nach Hause und wurde noch ein bisschen nasser. Kaum war ich zurück in unserer Wohnung, entledigte ich mich meiner nun bestimmt 20 Kilo schweren Hose und sprang noch einmal auf Bettina, denn ich hatte etwas ganz Entscheidendes vergessen: Ich machte mit meinem iPhone ein Foto von der Gewichtsanzeige, bildschön – und das fügte ich einer E-Mail an, die ich sogleich betextete und abschickte.

Von: Jens Bujar
Datum: Mittwoch, 22. Juni 2011, 18:45 Uhr
An: Ulrike von Bülow
Betreff: So!

Ohne Worte. Siehe Anlage.

Von: Ulrike von Bülow
Datum: Mittwoch, 22. Juni 2011, 19:18 Uhr
An: Jens Bujar
Betreff: RE: So!

Jaaaaaaaaaaaaaaaaaaaaaaaaaaaaaaaaaaaaaaa!

Toll, Jens! Glaube, ich hab noch nie jemandem so gern zu einer gewonnenen Wette gratuliert. Gratuliere! Herzlich! Frage jetzt nicht nach meinem Astra und wann ihr nach New York kommt – feier erst mal schön ☺

Das taten wir. Sina fand es ein bisschen komisch, mit Champagner auf meine Bier-Diät anzustoßen, aber für mich war es ein derart sprudelnder Moment, dass ich ein edles Blubber-Tröpfchen irgendwie angemessener fand. Und mit Bier würden wir ja noch andernorts prost sagen. Oder besser: cheers!

»Sina, Teuerste«, sprach ich, »du weißt, was das bedeutet? Wir müssen nach New York, Astra ausliefern. Ich habe bei meiner Chefin ein paar freie Tage herausgehauen für ein langes Wochenende im Juli. Und mit deinem Chef habe ich auch gesprochen: Du bist vom 7. bis zum 12. nicht im Dienst!«

Das fand Sina »süß«, wie sie sagte. Aber dann bemerkte sie, ganz die praktische Frau: »Da hast du aber ja wohl noch ein kleines Problem zu lösen. Wie willst du denn die zehn Kisten Astra zu Ulrike schaffen? Also, ich schlepp die nicht!«

Das war eine gute Frage, die ich versuchte, am darauffolgenden Wochenende zu lösen. Die Kisten im Flugzeug zu transportieren und dann am John F. Kennedy Airport mit zehn Kisten Bier durch den

Zoll zu spazieren, erschien mir etwa so schlau, als würde ich bei der Einreise sagen: Guten Tag, ich komme von Al-Qaida. Das würde nur kompliziert werden, und außerdem hätte das flüssige Übergepäck Unsummen gekostet; wir redeten schließlich von 80 Litern Bier, 8 pro Kiste (27 Flaschen à 0,3 Liter).

Darum fuhr ich am Samstag nach Hamburg und nistete mich für eine Nacht bei meinem Freund Markus ein, den ich aber kaum zu Gesicht bekam, da ich von einem Getränkehändler zum nächsten hetzte und in jedem Laden fragte: Könnt ihr mir zehn Kisten Astra nach New York verschiffen? Leider konnte (oder wollte) das niemand, und so landeten zehn Kisten Bier in meinem Kofferraum, auf meinem Rücksitz, auf meinem Beifahrersitz und in meinem Beifahrerfußraum.

Schwer beladen gurkte ich am Montag zum Hamburger Hafen, wo ich das Biergut bei einer Speditionsfirma abgab, die mir aber wenig Hoffnung machte, dass die Kisten zur gleichen Zeit wie ich in New York ankommen würden.

»Ich sach ma, das dauert mindestens sechs Wochen, übern Ozeaaan und dann mit'm Zoll und so«, sagte der Chef in schönstem Hafenslang.

Aber vielleicht war das sogar ganz gut – dann hatte Ulrike noch Zeit, sich eine größere Wohnung zu suchen: Ich fürchtete, sie brauchte ein Bierzimmer.

Ich sage lieber nicht, was ich für den Transport bezahlt habe, ich sage nur: Ich war arm, aber glücklich, als ich vom Parkplatz der Speditionsfirma rollte und in Richtung Reeperbahn fuhr, wo es einen Astra-Fan-Shop gibt. Dort kaufte ich ein Sixpack und ein Paar astrarote Flipflops für Ulrike, mit denen sie das Astra-Logo an amerikanischen Sandstränden hinterlassen konnte: Es war in die Sohle eingeritzt und hinterließ hübsche Abdrücke.

—

Ich hielt das Sixpack in der Hand und Sina die Flipflops, als wir knapp zwei Wochen später vor Ulrikes Apartment in New York standen. Sie öffnete die Tür und lachte.

»Guck an, der Hering aus Köln. Du siehst ja klasse aus! Aber wo sind die Bierkisten?«

»Großes Indianer-Ehrenwort, die kommen noch«, versprach ich und gab ihr das Sixpack. »Hier, ein kleiner Ersatz.«

Ulrike guckte verklärt auf die Flaschen.

»Hallo, Hamburg«, sagte sie und drückte das Sixpack an sich wie ein Kind seinen Lieblingsteddy. »Das wird ein Festmahl«, versprach sie und schob die Flaschen zum Powerkühlen ins Gefrierfach.

An ihrem Kühlschrank hing ein Foto, das Ulrike, Sina und mich im Januar zeigte. Meine Herren, war ich da pausbäckig! Nun aber sah ich aus wie diese Tussen auf der Upper East Side, die sich die Wangen beim Schönheitsdoktor langziehen lassen – jung und straff. Und anders als die Tussen erschien ich ganz natürlich!

Kurz darauf saßen wir auf ihrer »Terrasse«, wie Ulrike die etwas angerostete braune Feuertreppe vor ihrem Wohnzimmerfenster nannte. Sie wohnte in einem dieser typischen Rotklinkerhäuser im East Village, im vierten Stock, von wo aus wir nun über eine Baumkrone und in den herrlich blauen Himmel blickten. Es war das erste Mal, dass ich im Hochsommer in New York war. Es war irrsinnig schwül und heiß, mindestens 35 Grad, und das Astra blieb nicht lange kalt, als ich es nach einer halben Stunde aus dem Gefrierfach holte. Doch es reichte zum Anstoßen. Ich kletterte ein paar Stufen hinauf und erhob mein Bier.

»Prost, die Damen«, sagte ich, »auf eine super Wette!«

Und dann machte ich es wie Sebastian Vettel auf dem Siegerpodest nach einem gewonnenen Formel-1-Rennen: Ich schüttelte meine Flasche und spritzte das Astra auf Sina und Ulrike hinab.

Dann fragte ich: »So, und wo gibt es nun die besten Burger der Stadt? Ich habe Hunger!«

Nach einem kurzen Shopping-Ausflug, bei dem ich mir zwei neue Shorts in meiner neuen Größe 32 kaufte und einen sommerlich blauen Ledergürtel, der wie für mich gemacht war, und zwar in Größe M (ich wiederhole: EMMMM! Habe ich, glaube ich, zuletzt als Kind getragen), machten wir uns auf den Weg zum Dinner.

Am Abend saßen wir in »The Breslin Bar and Dining Room«, einem sehr angesagten Restaurant in der 29. Straße, das auf »englischer Pub« gemacht ist, mit viel dunklem Holz und einem rustikalen Menü: Es gab Schweinebauch, Rinderzunge oder Blutwurst. Und einen »Lamb Burger«, der laut Ulrike ein Gedicht sein sollte.

Und tatsächlich: Der Burger bestand aus einem frischgebackenen Sauerteigbrötchen, einer Lammhack-Bulette und einer dicken Scheibe Schafskäse. Dazu wurden hausgemachte Pommes frites gereicht, mit einer Kreuzkümmelmayonnaise, was prima zu dem Lamm-Schafskäse-Geschmack passte. Die Kombination war köstlich hoch zehn – und ihr Kaloriengehalt interessierte mich nicht die Bohne. Heute Abend ließ ich es krachen!

Ich lud die Damen zum Essen ein. Dann führte ich sie um die Ecke, an jenen Ort, an dem die Bier-Diät vor einem halben Jahr geboren worden war: Ich hatte einen Tisch auf der Terrasse des »230 Fifth« bestellt, der Rooftop-Bar mit Blick aufs Empire State Building, wo wir bei unserem letzten Besuch im Januar noch vor Heizstrahlern gesessen hatten, die nun aber Palmen gewichen waren. Ich bestellte drei Becks und sagte noch einmal: »Cheers, Ladys!«

Wir prosteten uns zu, nahmen einen Schluck,

dann fragte Ulrike: »Wie fühlst du dich denn, Jens? Hast du schon wieder zugenommen, seit du vor drei Wochen bei 10 Kilo weniger angekommen bist?«

»Wo denkst du hin?«, fragte ich und spielte den Empörten. Aber dann überlegte ich, und mir kamen durchaus ernsthafte Gedanken in den Sinn.

»Nein«, sagte ich, »ich habe wirklich nicht wieder zugenommen. Ich hatte auch nicht das Bedürfnis, wie ein Irrer zu sündigen, kaum dass ich mein Zielgewicht erreicht hatte. Das wäre auch Quatsch, sagt mein Ernährungsberater. Es fiel mir bisher nicht mal schwer, mein Gewicht zu halten, denn ich ernähre mich jetzt viel bewusster. Und so soll es auch bleiben.«

Ich wartete auf einen blöden Spruch, wie im Winter, als wir hier oben gehockt haben. Aber da kam nichts: Sina und Ulrike guckten mich so konzentriert an, als hielte ich eine Rede im Bundestag. Vielleicht sollte ich mich für den Posten des Gesundheitsministers bewerben? Ich nippte an meinem Becks, dann schwadronierte ich weiter, ganz überzeugt von meinem politischen Programm.

»Vielleicht hätte ich mit einer alkoholfreien Diät nur drei Monate gebraucht, um 10 Kilo zu verlieren; vermutlich hätte ich die drei Monate aber kaum durchgehalten. Denn drei Monate ohne Bier wären mir wie eine Ewigkeit vorgekommen. Dadurch aber, dass die Entbehrungen halb so schlimm waren, fühlten sich die fünf Monate der Bier-Diät nicht besonders lang an. Und gerade weil ich trinken durfte, fiel es mir leichter, auch einmal freiwillig auszusetzen«, hörte ich mich sagen.

»Und wer weiß, vielleicht spornt meine Diät ja ein paar Männer zum Abnehmen an«, sagte ich noch, aber das war wohl ein Satz zu viel: Aus Ulrikes Gesicht entwich jede Ernsthaftigkeit. Sie grinste. Und schien mich doch ein wenig anders wahrzunehmen als ich mich selbst.

»Jens«, sagte sie, »du guckst wie die Mädels, die hier mit ihren Yogamatten unter dem Arm durch die Stadt laufen. Du hast diesen Blick, der so was von tiefenentspannt ist, dass das Ommmmmm! nur so aus deinem Gesicht springt.«

Sina kicherte.

»Komm Jens nicht mit so was«, sagte sie, »der hat total die Yogaphobie.«

Das war an sich korrekt: Bei Yoga dachte ich immer an Frauen, die glaubten, durch tiefes Atmen und absurde Verrenkungen sich selbst finden zu können – mir erschien das suspekt. Ich hatte aber auch mal eine Diät-Phobie – und nun sah ich mich hier sitzen, 10 Kilo leichter. Mir kam eine Idee.

»Meine Damen«, sprach ich, »als Nächstes erfinde ich Bier-Yoga. Und Pils-Pilates.«

Das Gejohle von Sina und Ulrike muss bis auf die Spitze des Empire State Building zu hören gewesen sein: Ich wurde endlich einmal wieder richtig laut ausgelacht.

Wir danken Marko Jacob für seine grandiose Betreuung und seine Ideen.

Dank an die Herren aus der Brauerei in W. und an all unsere anderen Gesprächspartner, die uns mit ihrem Fachwissen und ihren Anekdoten versorgt haben. Dank an Klaus für einen Gefallen. Und auch wenn es ihn nicht die Bohne interessiert: Dank an Prince Rogers Nelson, der uns einen unvergessenen Abend bereitet hat – mit einem sehr inspirierenden Bier.

Jens dankt:

Bettina, der besten Waage der Welt. Meinen Eltern, meiner Schwester und meinen Freunden – dafür, dass sie mich mögen, egal, was ich esse und wie viel ich wiege. Pepe für sein vegetarisches Wedeln. Der Ufa und Ute für die Schreiberlaubnis.

Ulrike dankt:

Meiner Mutter für ihr Kichern beim ersten Lesen. Anna für die Bilder. Susi für ihre kreativen Gedanken. Tuesday für einen zauberhaften Arbeitsplatz.

Klaudia für die 10-Uhr-Konferenzen. Paolo für das Birramisù. Andrew und Erwin für eine Bier-Heimat in New York. Und der Stadt für ihre unendliche Energie.

Prost!